"十三五"国家重点出版物出版规划项目

全球海洋与极地治理研究丛书

划区管理工具
包含公海保护区要素解读

黄　浩　李伟文　主　编

欧丹云　王　磊　周秋麟　安丽娜　副主编

海洋出版社

2021年·北京

图书在版编目（CIP）数据

划区管理工具包含公海保护区要素解读/黄浩，李伟文主编．—北京：海洋出版社，2019.12

ISBN 978-7-5210-0547-9

Ⅰ.①划…　Ⅱ.①黄…②李…　Ⅲ.①国际海域-海洋法-研究　Ⅳ.①D993.5

中国版本图书馆 CIP 数据核字（2020）第 005230 号

丛书策划：杨传霞

责任编辑：任　玲　程净净

责任印制：安　森

海洋出版社　出版发行

http://www.oceanpress.com.cn

北京市海淀区大慧寺路 8 号　邮编：100081

中煤（北京）印务有限公司印刷　新华书店发行所经销

2019 年 12 月第 1 版　2021 年 10 月北京第 1 次印刷

开本：787mm×1092mm　1/16　印张：4

字数：70 千字　定价：28.00 元

发行部：010-62100090　邮购部：010-62100072　总编室：010-62100034

前　言

国家管辖范围以外区域包含公海和国际海底区域，占全球海洋面积的64%[①]，是全球海洋生物最大的栖息地，为海洋生物多样性的永续存在提供了最为广阔的空间。根据《生物多样性公约》的定义，生物多样性是指“所有来源的形形色色生物体，这些来源包括陆地、海洋和其他水生生态系统及其所构成的生态综合体；这包括物种内部、物种之间和生态系统的多样性”。[②] 国家管辖范围以外区域海洋生物多样性（Biodiversity Beyond National Jurisdiction，BBNJ）的养护和可持续利用是全人类的共同责任，攸关世界各国的福祉及子孙后代的利益。为了解决当前国家管辖范围以外区域面临的生物多样性威胁、生物资源惠益分享及环境影响评价等一揽子问题，联合国经过多年磋商，于2018年启动政府间大会的谈判，以期形成具有法律约束力的国家管辖范围以外区域海洋生物多样性养护和可持续利用国际协定。该国际协定谈判是当前海洋法领域最重要的国际立法进程，被视为《联合国海洋法公约》后的第三个执行协定，谈判的具体要素包括海洋遗传资源及其惠益分享、划区管理工具包含公海保护区、环境影响评价、能力建设、海洋技术转让，以及跨领域问题等。

国家管辖范围以外区域海洋生物多样性养护和可持续利用问题受到学术界和管理界的高度关注，其谈判历程复杂，涉及政策法律、科学技术、国际治理和海洋权益等多个领域。该问题于2004年正式纳入联合国议程，同年，第59届联合国大会设立国家管辖范围以外区域海洋生物多样性问题不限成员名额的非正式特设工作组，专门讨论和研究国家管辖范围以外区域海洋生物多样性养护和可持续利用问题。历经11年9次特设工作组会议的讨论磋商，联合国大会于2015年6月19日通过了69/292号决议，决定在《联合国海洋法公约》框架下就国家管辖范围以外区域海洋生物多样性的问题，制定具有法律约束力的国际协定，并建立谈判预备委员会，就国际协定草案的

① 廖建基，黄浩，李伟文，等. 2019. 国家管辖范围以外区域海洋生物多样性保护的新视域：包括海洋保护区在内的划区管理工具［J］. 生物多样性，27（10）：1153-1161.

② CBD，1992. Convention on Biological Diversity，Artide 2. use of Term.

要素进行讨论并向联合国大会提出实质性建议。预备委员会历时两年，先后举行过 4 次会议，于 2017 年 7 月通过了向联合国大会提交的要素建议草案，同时声明该草案不代表各方就相关要素达成的共识，且不影响各国在未来政府间大会谈判中的立场。在此基础上，联合国大会于 2017 年 12 月 24 日通过决议，决定于 2018 年启动政府间大会，就此拉开了正式谈判的序幕。

2018 年 9 月，第一次政府间大会在纽约召开，会议主要围绕着国际协定的定位、国际协定需要优先解决的问题和制定零草案的过程展开。会议对海洋遗传资源及其惠益分享、划区管理工具包含公海保护区、环境影响评价、能力建设和海洋技术转让等重要议题开展了磋商。此次会议各方进一步澄清了立场观点，在务实推进国家管辖范围以外区域海洋生物多样性国际协定谈判进程方面取得了积极的进展。会议决定由政府间会议主席按照国际协定的形式，编写一份不代表各方立场的“次零草案”文件，作为第二次政府间大会讨论的基础。

2019 年 3 月，第二次政府间大会在纽约召开，会议依旧围绕海洋遗传资源及其惠益分享、划区管理工具包含公海保护区、环境影响评价、能力建设和海洋技术转让等重要议题展开商榷。整体上，国家管辖范围以外区域海洋生物多样性国际协定出台进程随着谈判的不断深入，已经呈现步伐加快的势头。

2019 年 8 月，第三次政府间大会再次在纽约召开，会议针对海洋遗传资源及其惠益分享、划区管理工具包含公海保护区、环境影响评价、能力建设和海洋技术转让等重要议题的框架性问题开展磋商，对于分歧比较大的问题逐渐淡化，以期在既定的时间内达成整体性协议。

原计划 2020 年 3 月在美国纽约召开的第四次政府间大会，其中会议的议题基本不变。通过非正式文件的信息，可以发现在提法上有一个比较明显的变化：即划区管理工具包含公海保护区的识别准则是谈判中各方利益争执的焦点，也是难以达成一致的问题；在此次非正式文件中，已经将其列入附件中，待后续的科学技术咨询委员会讨论决定。由此可见，目前各方为推进新执行协定的快速出台，作出了策略上的调整。

划区管理工具包含公海保护区被认为是养护和可持续利用国家管辖范围以外区域海洋生物多样性最为重要的手段，是国家管辖范围以外区域海洋生物多样性国际协定谈判的核心，也是政策和技术的博弈点，攸关整个国际协定落地后能否遏制住全球海洋生物多样性下降的趋势。

鉴于国家管辖范围以外区域海洋生物多样性日益受到人类活动和全球变化及其相

关的累积和集合效应的影响，各种影响会相互作用，因此，孤立地管理某种活动不足以保护海洋生态系统，保障海洋资源的可持续利用。多种措施必须基于生态系统的途径，以整体的方式加以管理。

生态系统途径是在保障长期经济、社会和文化利益最大化的同时，综合优化环境多种影响的管理。现有许多不同的“生态系统途径”（例如，既有《生物多样性公约》和世界粮农组织提出的途径，也有传统/本土途径），这些途径高度兼容，人们普遍认定没有唯一的实施生态系统途径的正确方法。

划区管理工具包含公海保护区包括了综合的、可持续管理出现在空间定义的区域内的所有人类活动，这样的区域面积大小不一，既有不连续分布的块状区，也有较大尺度的生态系统。在生态系统途径中，划区管理为应对累积影响提供了工具，是养护和可持续利用国家管辖范围以外区域海洋生物多样性的核心问题。

目　录

1 谈判进程

划区管理工具（Area-Based Management Tools，ABMTs）包含公海保护区是国际社会公认的保护和保全海洋生物多样性和实施全球海洋治理的重要工具。

根据联大69/292号决议授权，目前已经召开了4次预委会及3次政府间大会，在各方努力下，初步形成了下阶段政府间谈判的案文框架和案文基本要素建议草案，其中划区管理工具包含公海保护区明确了划区管理的选划原则，强调应以最佳科学信息、标准和准则为基础，同时考虑环境过程及社会经济等因素。此外，还明确了划区管理应包括的基本要素，规定在做出划区决定前应开展广泛咨询与科学评估。划区管理工具的框架和基本要素如下：

（1）划区管理工具包含公海保护区的定义；

（2）划区管理工具包含公海保护区的目标；

（3）划区管理工具包含公海保护区与现有管理工具、法律文书的关系与协调，以及与全球、区域和部门机构的关系与协调；

（4）划区管理工具包含公海保护区的程序，包括①选划标准，②指定过程，包括提案、审查、咨询评估、决策；

（5）执行；

（6）跟踪监测与审查以及履约。

主席根据每次谈判的结果，整理形成案文要素的最终草案，并向外公布，作为下一次谈判的框架性文件，以期推进和加快谈判进程，在预定时间内形成《联合国海洋法公约》第三个具有法律约束力的文书。

2 各方关切及利益分析

联合国经过4次预委会和3次政府间大会的谈判，各国和利益集团就划区管理工具包含公海保护区阐明了立场和关切。

太平洋小岛屿发展中国家（Pacific Small Island Developing States，PSIDS）、加勒比国家共同体（Caribbean Community and Common Market，CARICOM）等集团的小岛国陆地面积小、海洋专属经济区面积大、邻近公海/大洋、对海洋经济依赖程度高，但由于科学技术水平有限、资金支持力量不足，海洋资源开发能力受限。为确保本国利益，在谈判中，其积极推进保护区建设，并努力寻求保护程度的最大化；同时，这些国家对于渔业生产的依赖性很强，只有保持生态系统的健康才能维持高效的渔业产出，因此，诉求设立更多的海洋保护区以养护生物多样性；最后，这些国家还要求在划区管理工具中必须考虑到气候变化的影响，包括气候变化引起的海平面上升和海洋生物分布及栖息地等的变化。

美国、俄罗斯和日本等发达国家科技水平高，在海洋科学研究和资源开发方面走在世界前列，是海洋利用大国，也是现有国际规则的受益国。公海保护区的建设会对现有规则形成挑战，必然对其公海活动产生一定的影响，因此，发达国家进一步强调保护和可持续利用的平衡，以及公海的渔业自由，以便其从公海自由获取资源，不愿对现行海洋秩序进行重大调整，期望在现有法律制度框架内处理相关问题。随着各国呼声日益高涨及国际社会压力的增大，发达国家逐渐不再表态以阻滞谈判进程。

欧盟具有传统的地缘政治优势，在海外具有大量领地，且在保护区建设方面具有国际领先的政策、技术。通过在公海划定保护区，不仅仅实现其海外领地的扩张，同时，海洋保护区的建设对于提升欧盟在国际事务中的领导地位具有重要的作用；另一方面，海洋保护区对改善相关海域的生态环境具有重要的作用，有利于其经济的增长和居住环境的改善，尤其是对其传统渔业带来的溢出效应，因此，欧盟极力推进在公海建立保护区。

世界自然保护联盟（International Union for Conservation of Nature，IUCN）、绿色和平组织（Green Peace）等环保组织，强调绝对的保护，积极推进公海保护区建设，并将公海保护区与全球气候变化、生态系统弹性等议题关联。环保组织的主要使命是关注当前最紧迫的环境和发展问题，推进自然资源的完整性和多样性。全球气候变化、海洋保护区建设和生态系统的管理，是当今受关注的海洋热点，三者又息息相关。全球海洋环境恶化、资源衰退已经是不争的事实，所以，相关组织对保护生物多样性和维持健康的海洋生态系统持绝对保护立场，积极推进谈判进程，力促公海保护区建设新规则的出台。

3 谈判的焦点

划区管理工具以生物多样性为抓手，同时又涉及国际立法、政策、全球治理、海洋权益维护等多个领域，就已经进行的 4 次预委会和 3 次政府间谈判来看，形势错综复杂。但就目前各方关切来看，主要聚焦在以下几点。

（1）划区管理工具包含公海保护区的定义。

（2）划区管理工具包含公海保护区的目标：是养护和可持续利用（conservation and sustainable use）生物多样性，还是保护（protection）生物多样性、生态系统弹性等。

（3）区域识别准则：各国家根据自身的利益及面临的一些问题，提出了不同系列的识别准则，非政府组织根据其在专属经济区内的实践经验，极力推荐自己的一套准则。

（4）机制问题：全球机制、混合机制、区域机制等都是各方争议的焦点。

（5）保护区建设程序问题：主要包含了谁提案、谁审查、咨询、决策、执行，以及跟踪监测等问题。

下文将就上述议题进行详细的阐述。

4　相关定义

4.1　划区管理工具

划区管理工具包含公海保护区的定义源自适用于国家管辖范围以内区域的管理实践，为了适用于国家管辖范围以外区域，需要对定义进行修改，而任何可以澄清或说明的定义都可以修改，因此，不一定要与现有的定义保持一致。

划区管理是对特定区域内发生的一整套人类活动的综合、可持续管理，范围从离散的斑块到更大的生态空间，用于保护和可持续利用国家管辖范围以外区域的区域管理①。而 Molenaar 则将其定义为：为了一个或更多目的，对国家管辖范围以外区域的人类活动进行更严格的管理，提供比周围区域更高程度的保护的区域②。目前，划区管理工具暂未有一个国际社会统一的定义，但普遍认为划区管理是根据某些区域的特性，对单项或多项人类活动进行更为严格的管理，其保护程度高于周围区域。

在谈判的非正式文件中，划区管理工具的定义为，除海洋保护区外，在地理上界定的区域内，管理一个或多个部门或活动，以达到特定的养护和可持续使用目标（并提供比周围地区更高的保护）的工具。

欧盟提出，在工具之前增加“空间管理”，以要求空间管理技术在划区管理工具中的地位。阿根廷认为海洋保护区是划区管理工具的一种，认为划区管理工具是一种措施，而不是一种工具，并要求在定义的最后面增加“根据本协议”，以限制该定义局限在本协议下有效。加勒比国家共同体认为，该定义应足够广泛，以涵盖包括海洋

① Vierros M, Dunn D, O’ Hara T, et al., 2016. Space for Conservation and Sustainable Use: Area-based Management in Areas Beyond National Jurisdiction. http://archives.nereusprogram.org/wp-content/uploads/2016/08/BBNJ-Policy-brief-area-based-management.pdf.

② Molenaar E J, 2014. The international legal framework relating to area-based measures for merchant shipping at the global level. https://uit.no/Content/400311/Molenaar%20Int%20Leg%20Framework%20ABM%20Global%20Level%2014%2012%2009.pdf/.

保护区（Marine Protected Areas，MPAs）在内的所有类型的划区管理工具，它们应能够解决实施协议的许多目标。瑞士支持欧盟，但认为对于地理区域和其他措施（如限时措施）有一种空间工具，因此认为应增加限时措施，此外，承认划区管理工具确实包含海洋保护区，建议定义为“划区管理工具是一种用于地理区域和其他度量的空间工具，包括那些定义时间段和海洋保护区的度量”。美国认为，划区管理工具应该包含一系列广泛的工具，包括海洋空间规划（Marine Space Planning，MSP）、限时关闭区（time-area closures）和海洋保护区，并认为定义应该体现允许随着时间的推移进行适应的变化的文本，以确保该工具能够根据最佳科学证据和不断变化的情况以实现养护目标，并且要求删除更高保护语言条款。俄罗斯认为，该定义的确切内容尚待确定，但是否需要这些详细的定义（取决于决策水平，如果它发生在地区一级，那么我们可能不需要它），坚持了海洋保护区是一种划区管理工具的观点，认为该定义应基于现有最佳科学证据做出的决定，不仅会随着时间的流逝具有适应性，而且赞成这些措施是有时间限制的，因此，应该有一些限制，之后需要进行一些监测，并且需要确定是否应采取这些措施。文书中海洋保护区和划区管理工具的定义很像，看不出区别，认为没必要定义。新西兰认为，海洋保护区就是划区管理工具的子集，海洋保护区强调保护，划区管理工具为保护和可持续利用并重。加拿大认为，可以参考《生物多样性公约》（Convention on Biological Diversity，CBD）的做法，采用生态学方法的定义。土耳其认为，划区管理工具可以提供短期措施，而海洋保护区可以提供长期措施，支持划区管理工具中的这种差异表述，但要求删除更高保护语言条款。菲律宾认为，海洋保护区是划区管理工具的一种，要求删除更高保护语言条款。澳大利亚同意海洋保护区是划区管理工具的一种，并同意海洋保护区的主要重点是保护，支持划区管理工具需要时限的想法。韩国认为，术语的讨论需要在实质性问题达成共识之后再开展，同意划区管理工具包含海洋保护区的观点，但不认为需要对这些定义作出详细的规定。摩纳哥认为，划区管理工具就是包含海洋保护区。马尔代夫认为，海洋保护区是划区管理工具的一部分，划区管理工具可以推进可持续利用，而海洋保护区则是提供更高的保护目的，对于“最佳科学证据”，更愿意使用“预防性”原则代替。中国则对此保留立场，认为划区管理工具的概念与海洋保护区的定义密切相关，希望先对海洋保护区进行明确定义，然后再考虑划区管理工具的定义。

世界自然保护联盟关于划区管理工具的定义为，“为达到保育或可持续资源管理的目标，在指定范围内制定人类活动的规例①”。

77国集团和中国建议划区管理工具的定义为，为达到规定的目标而在国家管辖范围以外的特定地区设计和适用的工具②。为此，根据区域适用性和目的，定义可以简单地描述为，“在国家管辖范围以外的特定区域，为达到保护或可持续利用资源的目标而采取的适当的管理人类活动的措施”。

4.2 行业划区管理工具

行业划区管理工具是“主管国际组织为达到国家管辖外特定海域的生物多样性保护和可持续利用的目标而采取的管理人类活动的措施”。

现有行业划区管理工具的实践包括：国际海事组织（International Maritime Organization，IMO）的特别敏感海域（Particularly Sensitive Sea Areas，PSSAs）；国际防止船舶污染公约（Maritime Agreement Regarding Oil Pollution ，MARPOL）的特别区（Special Areas，SAs）；联合国粮食及农业组织（Food and Agriculture Organization of the United Nations，FAO）下属的区域渔业管理组织（Regional Fisheries Management Organizations，RFMOs）的时空禁渔区（禁渔期或禁渔区，temporal or spatial closed areas）和脆弱的海洋生态系统（Vulnerable Marine Ecosystems，VMEs）；国际海底管理局（International Seabed Authority，ISA）的特别环境利益区（Areas of Particular Environmental Interest，APEI）等。

行业划区管理工具必须和海洋保护区相区分，尽管行业划区管理工具制定了特定的保护目标，规范了相应的保护措施，但它们的目标一般只针对一种活动而采取措施，属于短期、局部和单一方面的保护，难以对保护区内的所有特征提供全面的保护③。例如，联合国粮食及农业组织对脆弱的海洋生态系统的管理，只是通过限制捕捞方式

① IUCN. Suggested responses to questions on area-based management tools（ABMTs）, based on the document entitled, “Chair's indicative suggestions of clusters of issues and questions to assist further discussions in the informal working groups at the second session of the Preparatory Committee” . https：//www. un. org/depts/los/biodiversity/prepcom_ files/area_ based_ management_ tools. pdf.

② Interventions on behalf of the group of 77 and China, by Mr. EMAD MORCOS MATTAR, Counsellor, Permanent Mission of Egypt to the united nations, on agenda item 7：Measures such as area-based management tools, including marine protected areas, at the first session of the intergovernmental conference on an international legally binding instrument under unclos on the conservation and sustainable use of marine biological diversity of areas beyond national jurisdiction（New York, 7－10 September 2018）.

③ IUCN. An International Instrument on Conservation and Sustainable Use of Biodiversity in Marine Areas beyond National Jurisdiction. https：//www. iucn. org/sites/dev/files/import/downloads/paper_ v_ understanding_ abmt_ and_ mpa. pdf.

对受威胁的或者破坏的脆弱区域或者生态系统进行针对性的管理，不属于保护区的范畴。但在行业领域内，此类措施能够达到海洋生物资源养护和可持续利用的目的，与国家管辖范围以外区域海洋生物多样性的目标一致。同时，现有的行业对其各自领域的养护和管理措施，对资源的可持续利用不会产生重大的影响，在国家管辖范围以外区域海洋生物多样性的谈判中，在《联合国海洋法公约》（United Nations Convention on the Law of the Sea，UNCLOS）的框架下，与现有的法律文书不冲突的原则相一致。在此，重申国家管辖范围以外区域海洋生物多样性的目标是养护和可持续利用国家管辖范围以外区域的海洋生物多样性，除非在现有或者潜在可能的利用强度下，已经或者潜在地可能对生物多样性的养护和可持续利用产生重要影响下，方能提出海洋保护区的方式以保护生物多样性。海洋保护区的管理措施相对于划区管理工具的保护措施更为严格，保护措施一旦制定，就会对人类社会的发展产生一定的阻碍作用，限制人类社会的开发利用和社会经济的发展。

基于上述认识，在海洋保护区的建设中，需要对海洋生态系统有最佳的科学认知；对世界海洋生物多样性的分布现状有比较全面的了解；对保护目标的重要性做充分的科学论证；对保护区域的界定做出科学的明确定义。这就包括对海洋保护区内的调查原始数据公开化，接受社会各界专业人士的监督与审查；制定严格的管理措施并说明能达到的保护目的；制定科学的监测计划，定期对监测结果进行审议，同时放开各缔约方在该区域的科学研究，针对研究结果对保护区的执行情况反复论证，适应性地修改管理措施甚至撤销海洋保护区等。

跨行业划区管理工具属于需要在多种组织和团体之间开展协商、合作和协调的工具，其中包括海洋保护区和海洋空间规划。

4.3 海洋保护区

非正式文件中提供的海洋保护区的定义选项为，“海洋保护区”是指指定和管理以实现特定的［长期生物多样性］保护和可持续利用目标［并提供比周围地区更高的保护］的地理区域海洋区域。

在第三次政府间大会的发言中，欧盟和伯利兹认为，海洋保护区的定义为“指定和管理以实现特定的保护和可持续利用目标的地理区域”；挪威同意应删除“生物多样性”一词，对是否保留“长期”持灵活态度；新西兰认为划区管理工具与海洋保护区之间的主要区别在于，海洋保护区具有主要的保护目标，而可持续利用可能是海洋保护区的次要目标/益处，建议从定义中删除“可持续利用”，强调了长期保护；加拿大认为海洋保护区是指定和管理以实现特定的保护和可持续利用目标，并提供比周围地区更高的保护的地理区域海洋区域；中国强调了养护和可持续利用结合在一起，是国家管辖范围以外区域海洋生物多样性的目标，基于“最佳的可用科学”上，要求删除“更高的保护”，并重申了俄罗斯关于保护时效性的重要建议；墨西哥认为海洋保护区从长期来看是保护，但并不排除短期的措施；美国认为海洋保护区是一个空间定义的海洋区域，与周围的水域相比，海洋中的活动受到更严格的控制，虽然保护时限在保护区的管理中非常重要，但是不需要在定义中体现；俄罗斯认为保护区需要时限，如果措施没有时限，就不知道创建的海洋保护区正在发生什么，进展如何（或缺乏进展），因此，为避免这种情况，俄罗斯认为海洋保护区需设定时限；加勒比国家共同体和菲律宾强调了长期的生物多样性保护；而瑞士和土耳其认为保护区需要有保护时限，保护时限应该随着保护区目标达到后自动解除。

世界自然保护联盟关于海洋保护区的定义为，“为达到长期保护，包括其相关生态系统服务和文化价值的目的，通过法律程序或其他有效方式明确定义的、承认的、专用的和管理的地理空间”[①]。世界自然保护联盟进一步解释：“海洋保护区的目标是保护其边界内的所有具有保护重要性的特征，其中包括生态系统的整体健康和多样性，并为达到这个效应声明其主要目标。”[②] 世界自然保护联盟关于海洋保护区的定义中明确地提出“长期保护自然，包括生物多样性和相关生态系统服务的主要目标”的通用目标[③]。由此来看，世界自然保护联盟关于保护区的定义与国家管辖范围以外区域海洋生物多样性的目标并不一致，世界自然保护联盟强调了对海洋生物多样性的保护，未提及人类对海洋生物的利用，并强调了保护的长期性。而通过对罗斯海等保护区的经验学习可知，保护区应该是随着保护目标的达成而终止的，例如，南极罗斯海保护区设定的30年保护期限，随着保护目标达到后即可解除保护指令。

《生物多样性公约》（Convention on Biological Diversity，CBD）第二条关于保护区的定义是：“一个划定地理界限，为达到特定保护目标而指定或实行管制和管理的

① IUCN Matrix of Suggestions，2016. http：//www.marinebiodiversitymatrix.org/c_1_1_2.html.

② Day J，et al.，2012. Guidelines for applying the IUCN Protected Area Management Categories to Marine Protected Areas. Gland，Switzerland：IUCN. P. 12.

③ 同②。

地区。”①

已经成立的海洋保护区的目标，例如，南极海洋生物资源养护委员会（Commission for the Conservation of Antarctic Marine Living Resources，CCAMLR）设定的海洋保护区采用了通用框架中的目标②，如果要达到目标，必须加以严格保护。在南极海洋生物资源养护委员会的保护区中，存在两个特殊的点，一个是南极区域的海洋养护和管理，都是在南极海洋生物资源养护委员会的管理下制定的，而国家管辖范围以外区域海洋生物多样性的养护和管理，已经有很多现成的区域性管理组织，并且在各自的职责范畴内对相应的管理对象实行很好的管理；另一个是南极的保护区，有着多种交替保护目标，需要时间延续性的保护，阶段性地限制人类活动无法满足养护的目标，是多重效应的集结。这提示了国家管辖范围以外区域海洋生物多样性的保护区建设不能简单地以南极海洋生物资源养护委员会为模板，需要根据实际推进的养护和可持续利用目标不同而异，建立适应不同框架下公海保护区的模式。从国家管辖范围以外区域海洋生物多样性的目标出发，即保护区的所有建设依据必须以养护和可持续利用国家管辖范围以外区域生物多样性的双重目标为前提。

因此，国家管辖外海域的海洋保护区可以定义为，以养护和可持续利用国家管辖范围以外区域生物多样性为前提，在区域内的生物多样性受到威胁时，其受到的威胁因素有充分的科学证据，从生态系统的角度出发，充分考虑社会经济因素，能够科学地提出保护生物多样性的具体的、明确边界的区域，并在其保护目的达到后，其保护措施将自动解除的区域。

4.4 其他相关定义

在第四次正式谈判的非正式文件中，划区管理工具包含公海保护区的选划标准共有 21 个，其来源主要借鉴《生物多样性公约》的重要生态或生物意义的海域（Ecologically or Biologically Significant Marine Areas，EBSAs）、联合国粮食及农业组织的脆弱的海洋生态系统、国际海底管理局的特别环境利益区、国际海事组织的特别敏感海域等的选划标准，大部分的实践主要在专属经济区，在国家管辖范围以外区域并没有实

① Convention on Biological Diversity. https：//www.cbd.int/convention/articles/default.shtml? a=cbd-02.

② CCAMLR CONSERVATION MEASURE，2011. General framework for the establishment of CCAMLR Marine Protected Areas. https：//www.ccamlr.org/en/measure-91-04-2011.

践经验。针对非正式文件中的准则，其定义可以从以下方面理解。

稀有性（rarity）/独特性（uniqueness）：该区域包含任何一个① 独特的（同类中唯一的）、罕见的（只在少数地方发生）或特有的物种、种群或群落；和/或②稀有或独特的生境或生态系统；③独特的或者不寻常的地貌或者海洋特征。[①]

对于物种生命史的特殊重要性（Special importance for life-history stages of species）：种群生存和繁衍必须依赖的区域。[①]

对于受威胁、濒危（种群）、衰减的物种或栖息地的重要性（importance for threatened, endangered or declining species and/or habitats）：为濒危、受威胁或衰退物种的生存和恢复提供栖息地的地区，或为这些物种大量聚集的区域。[①]

易损性（vulnerability）/ 脆弱性（fragility）/ 敏感性（sensitivity）：包含相对较高比例的敏感栖息地、生物群落或物种，它们的功能很脆弱（极易受到人类活动或自然事件的破坏或损耗）。[①]

生物生产力（biological productivity）：有较高自然生物生产力的物种、种群或群落的区域。[①]

生物多样性（biological diversity）：区域内生态系统、生境、群落或物种多样性较高，或遗传多样性较高。[①]

代表性（representativeness）：是特定生物多样性、生态系统、生态或地貌过程、或群落或生境类型或其他自然特征的突出例证的区域。[②]

依赖性（dependency）：该区域的生态过程高度依存生物群落系统（如珊瑚礁、海藻群、红树林、海藻基床等）。[②]

自然性（naturalness）：由于缺乏或低水平的人为干扰或退化而导致自然程度较高的区域。

连通性（connectivity）：连通性包括结构连通性（扰动和/或斑块的物理排列）和功能连通性（个体在扰动和/或斑块之间的移动）。

生态过程（ecological processes）：一个区域是一个生物功能单元，一个有效的、自我维持的生态实体，以及生物和非生物之间的关系/过程。一个完整的“生态系统”被视为一个单独的单元进行管理，生态系统包含了生物与非生物的组成成分及其相互

---

① CBD. Training manual for the description of ecologically and biologically significant areas (EBSAs) in open-ocean waters and deepsea habitats 30 April-5 May 2012. Montreal, UNEP/CBD/SBSTTA/16/INF/9.

② International Maritime Organization (IMO), Revised Guidelines for the Identification and Designation of Particularly Sensitive Sea Areas. Documentation. International Maritime Organization, Resolution A. 982 (24).

之间的关系。

社会经济因素（economic and social factors）：对环境质量和海洋生物资源的利用具有特别重要的社会或经济意义的地区，包括渔业、娱乐、旅游业和依赖进入该区域的人们的生计①。

气候变化（climate change）：是指除在类似时期内所观测的气候的自然变化之外，由于直接或间接的人类活动改变了地球大气的组成而造成的气候变化②。

海洋酸化（ocean acidification）：由于大量人类活动的影响，大气 CO_2 浓度持续增加，其中约 1/3 被海洋吸收，导致表层海水 pH 值降低和碳酸盐平衡体系波动的现象③。

累积和跨界影响（cumulative and transboundary impacts）：累积影响是指“当一个项目与过去、现在和未来可能预见到的项目进行叠加时会对环境产生综合或时间性积累而放大的影响”，特别是指“各个项目的单独影响不大，而综合起来的影响却很大”的现象④。跨界影响是指全部或部分发生于一个包含公海保护区在内的划区管理工具选划区域外的拟议活动在包含公海保护区在内的划区管理工具选划区域内造成的任何影响，不仅仅是全局性影响⑤。

文化因素（culture factors）：是一个国家或社会的既定信仰、价值观、传统、法律和语言。这些因素还包括某一特定地区固有的艺术价值、婚姻习俗和宗教信仰⑥。

充分性和可操作性（adequacy and viability）：网络中的所有站点都应具有足够的大小面积和提供充足的保护以确保为其选择功能的生态可行性和完整性⑦。

可重复性（replication）：为了检验结论的有效性而重复实验⑧。

可行性（feasibility）：确定分配的任务是否可以通过使用可用资源来完成⑨。

---

① International Maritime Organization (IMO), Revised Guidelines for the Identification and Designation of Particularly Sensitive Sea Areas. Documentation. International Maritime Organization, Resolution A. 982 (24).

② United Nations. United Nations framework Convention on Climate Change. June 4, 1992, Rio DE janeiro, Brazil. https://unfccc. int/files/essential_ background/background_ publications_ htmlpdf/application/pdf/conveng. pdf.

③ 王昊，赵信国，陈碧鹃，等，1997. 海洋酸化与重金属、有机污染物和人工纳米颗粒的联合毒性效应研究进展[J]. 生态毒理学报，14（1）；2-17.

④ 彭应登，王华东，1997. 累积影响研究及其意义[J]. 环境科学，(1)：86-88.

⑤ 跨界环境影响评价公约，1991，第 1 条第 8 款.

⑥ https://www. reference. com/world-view/cultural-factors-986dc26ed767d5de.

⑦ COP9/20 Annex 2.

⑧ Based on WordNet 3.0, Farlex clipart collection. 2003 - 2012 Princeton University, Farlex Inc. https://www. thefreedictionary. com/replication.

⑨ Dictionary of Military and Associated Terms. US Department of Defense 2005. https://www. thefreedictionary. com/feasibility.

4.5 定义分析

从划区管理工具和海洋保护区两者之间的定义差别，以及结合区域选划标准可知，“稀有性”“独特性”“对于物种生命史特殊重要的区域”“对受威胁、濒危（种群）、衰减的物种或者栖息地重要的区域”“易损性”“脆弱性”“敏感性”“代表性”“依赖性”和“自然性”，都隶属于划区管理工具的范畴，在各自的区域管理组织上获得很好的养护，如联合国粮食及农业组织的脆弱的海洋生态系统、国际海事组织的特别敏感海域、国际鸟盟（BirdLife International）的重要的鸟类和生物多样性区域（Important Bird and Biodiversity Areas，IABs）、国际海底管理局的特别环境利益区等。生物生产力和生物多样性高的区域，是渔业捕捞的重要区域。在公海的渔业捕捞中，各目标鱼种的捕捞都有严格的种群科学评估，制定科学的可捕捞量及执行严格的捕捞配额制度，并逐渐向兼捕鱼种延伸。因此，现有的行业划区管理工具可以在养护和可持续利用国家管辖范围以外区域海洋生物多样性上，针对特定的人类活动开展管理活动。

海洋空间规划是一个综合性的规划过程，旨在通过分配人类在海洋中的活动来实现生态、经济和社会目标①。人们对管理海洋空间的多种用途给予了越来越多的关注，特别是在使用者和环境之间的冲突已经很明显的地区，如北海②。海洋空间规划的出现是为了应对潜在的对海洋环境的竞争性需求，这些需求包括捕鱼、石油和天然气勘探、可再生能源项目、海洋保护区、航道、锚地、军事演习区、未爆炸军械场地、疏浚和填埋区，以及休闲娱乐区③。在海洋空间多用途规划的背景下，近来的关注点集中在保护自然，特别是生态和生物敏感地区，海洋空间规划的演变已成为实现基于生态系统的海洋利用管理的关键一步④。此外，它提供了一个透明的决策过程，通过基于数据编辑、决策支持工具和数据可视化的公共操作图来鼓励利益相关方协调和协作，以实现指定的目标和目的。因此，海洋空间规划在海洋资源利用和生物多样性保护的做法可以适当地借鉴到国家管辖范围以外区域海洋生物多样性的养护和可持续利用上。

---

① Managing Marine Biodiversity. http：//macbio-pacific. info/marine-spatial-planning/.

② Douvere F，2008. The importance of marine spatial planning in advancing ecosystem-based sea use management ［J］. Marine policy，32（5）：762-771.

③ Collie J S，Beck M W，Craig B，et al.，2013. Marine spatial planning in practice ［J］. Estuarine，Coastal and Shelf Science，117：1-11.

④ Douvere F，2008. The importance of marine spatial planning in advancing ecosystem-based sea use management ［J］. Marine policy，32（5）：762-771.

5　划区管理工具包含公海保护区的目标

5.1　方案解读

划区管理工具包含公海保护区的目标分歧比较大，各方强调重点不一样。整体上，方案中的目标主要包含：海洋生物多样性养护和可持续利用，增加生态系统弹性、生物生产力和活性，加强与各国、相关法律文书和框架及相关全球、区域、次区域和部门机构的合作与协调，促进海洋管理，应对气候变化、海洋酸化和海洋污染的压力，并建立海洋科学参照区等。

5.2　各方立场观点

小岛屿国家具有地理上的绝对优势，但对海洋开发能力不足，强调对气候变化、海洋酸化及海平面上升等海洋问题的关切；欧盟强调对划区管理工具的推广；以美国为代表的海洋强国强调保护区需要关注海洋研究，包括建立科学研究参照区等目标；世界自然保护联盟等绿色环保组织可能会将公海保护区目标与全球变化、生态系统修复、渔业资源养护等挂钩，由此扩大公海保护区建设的目标，并增加选划原则和依据，以期达到扩大保护区选划和建设范围的目的。

5.3　矛盾点分析

目前，各方观点差异较大，矛盾点主要集中在目标是“养护和可持续利用生物多样性”，还是包含其他当前海洋治理的热点问题。根据第三次政府间谈判的协商，各方愿意简化目标清单，包括将重点放在以结果为导向而不是以过程为导向的目标上。

因此，综合国家管辖范围以外区域海洋生物多样性执行协定的初衷及划区管理工具包含公海保护区的功能，划区管理工具包含公海保护区的目的在于，通过划定明确地理范围、管理多种活动（multiple-use），确定保护目标和保护对象，实现国家管辖范围以外区域海洋生物多样性的养护和可持续利用，在达到保护目标后解除对区域的保护。

6 选划原则和途径

6.1 与现有国际文书之间的关系

根据联大 69/292 号决议，新的国际文书不应对现有国际文书和现有的全球、区域和部门机构造成损害。同时，就新文书关于划区管理工具包含公海保护区的机制问题，在不损害现有全球、部门和区域机构的前提下，建立全球一体化机制是现阶段开展公海划区管理工具包含公海保护区建设的必然选择。

《联合国海洋法公约》序言明确规定："意识到各海洋区域的种种问题都是彼此密切相关的，有必要作为一个整体来加以考虑"。考虑到上述关于一体化机制的阐述，全球机制是首要考虑的。同时，保护区的建设必须要考虑两个因素：①利益相关方广泛参与和协商一致，根据《联合国海洋法公约》第八十七条，公海对所有国家开放，不论其为沿海国或内陆国，据此规定，在公海上建设保护区也不例外，必须对所有国家开放，并取得协商一致；②不能对公海自由原则造成实质的损害，根据《联合国海洋法公约》第八十九条，任何国家不得有效地声称将公海的任何部分置于其主权之下，因此，不得以建设公海保护区为目的，违背公海自由的原则。

目前，现有针对人类活动且与海洋生物多样性相关的组织主要有管理海洋矿产开发的国际海底管理局、管理海上船舶航行及安全的国际海事组织，以及管理渔业生产的联合国粮食和农业组织三大组织，这三个组织都是在《联合国海洋法公约》框架下的国际组织，根据各自职能管理不同的人类活动。根据联大 69/292 号决议的要求，新的国际文书不得与三大组织的职能发生冲突。

区域性渔业管理组织在各自的区域范围内分管着渔业生产、渔业管理及渔业科学研究；捕鲸委员会在世界范围内负责鲸的管理，以确保鲸种群的可持续发展；国际海底管理局分管国际海底的矿产资源开采活动对生物和环境的影响；国际海事组织分管国际航运对海洋生物和环境的影响；《国际防止船舶造成污染公约》（International Convention for the Prevention of Pollution from Ships）和《伦敦倾废公约》（London Dumping Convention，LDC）目的在于减少垃圾污染对海洋环境和海洋生物造成的危害；国际海洋考察理事会主要负责和促进国际海洋科学考察，为各国政府和组织提供生物养护和环境保护建议；联合国环境规划署旨在促进全球资源的合理利用并推动全球环境的可持续发展。

因此，在保证《联合国海洋法公约》下的捕鱼自由、航行自由、科学研究自由、飞越自由、铺设海底管道和电缆的自由，以及建造国际法所容许的人工岛屿和其他设施的自由下，又尊重现有全球、部门和区域机构的职能安排，新的执行协定如何协商这一关系是今后研究的一大新热点。

6.1.1 谁可以起到划区管理工具包含公海保护区全球机制的作用

全球机制最重要的功能在于通过划区保护工具包括海洋保护区网络和海洋自然保护区的重点提供全球层次的观念，确保在保护中比区域和行业层次更加有效地采取生态系统的整合的途径；

定义、审议和更新准则，以确定划区管理，其中包括海洋保护区的区域，以及可以由外部科学机构并通过内部科学委员会协调实施的功能；

检索海洋保护区和其他区划管理措施建议书，确保专家审议、公众参与和全球认同；

海洋保护区的指定（审议和修订），这个功能可以以独立科学委员会向主管或代表国家和其他相关利益者（如多方会议）的政治实体的建议为基础；

在不具有法定保护职责的区域实体的区域，监督对指定的海洋保护区的管理；

确定和应对涉及多种行业的累积影响；

如果选择的途径主要依据的是国家和现有实体，则要监督活动并报告，确保履行责任；

支持资助机制建立和运行海洋保护区，其中包括研究和监测、数据收集和储存，为国家管辖范围以外区域的管理提供公用信息源；

管理相关的能力建设和技术转让活动；

为报告、监测、评估进展提供全球机制并为审计提供框架；

支持信息交流、监测和监视，为执法过程提供信息。

6.1.2 谁可以起到现有全球行业机构和区域机制的作用

现有组织除了继续起到按照职责管理行业的作用外，可以在相关的实施协议中起辅助作用。这样的作用可以参照《生物多样性公约》第 8 条和第 10 条，以及《联合国鱼类种群协定》，其中包括：

参与海洋保护区的协商过程并做出贡献；

促进区域和行业监测及研究；

控制或管理对国家管辖范围以外区域海洋生物多样性保护具有重要性的海洋活动或资源，无论是位于保护区之内还是之外，目标是确保保护和可持续利用；

促进生态系统和自然生境的保护，维持周围环境物种的活力种群；

对海洋生物多样性的保护和可持续利用整合进行决策；

采取措施，避免或减轻对国家管辖范围以外区域海洋生物多样性的影响；

对在管理和决策过程中整合生物多样性的关切；

制定生物多样性战略和行动计划，指导其内在过程；

采取与沿海国采取的生物多样性保护和可持续利用措施相互兼容的措施；

促进和其他机构的合作和协调；

定期向全球机制报告进展，确定能力建设和技术转让的重点，以及国家管辖范围以外区域海洋生物多样性保护的其他职责。

6.1.3 各种安排之间的关系是什么

实施协议可以在为了当代和未来长期的海洋生物多样性保护和可持续利用利益方面提供一种上层框架，统一全球远景、目标、原则和途径。

缔约国定期开会或者其他机制框架可以为审议全球、区域和行业层次的进展提供服务，促进以生态系统为基础的管理，促进把生物多样性保护和可持续利用整合到其他组织的决策过程。借助持续新投资资源，专注于海洋自然保护、科学研究、监测、空间规划、能力建设和技术转让的项目计划可以保障所有安排的有效实施。

《联合国海洋法公约》第十四部分“海洋技术发展和转让”为主管国际组织和国

际协议目的和目标的统一提供了范例。第十四部分首先确定了一般总体目标和具体目标，即孤立海洋技术的发展和转让（并承认需要保护知识产权），然后确定了达到这些基本目标的措施。第二七一条呼吁建立方针、准则和标准；第二七二条呼吁各国尽力确保主管国际组织协调其活动；第二七三条要求各国积极与主管国际组织合作。第二七五条至第二七七条规定建立国家和区域性海洋科学和技术中心的承诺及其功能。第二七八条具体呼吁第十三部分和第十四部分所指的主管国际组织应采取一切适当措施，以确保彼此之间直接或密切合作，有效地履行其在本部分（海洋技术的发展和转让）下的职能和职责[①]。

6.2 划区管理工具包含公海保护区的原则和途径

明确新文书关于划区管理工具包含公海保护区的指导原则和途径，对维持新文书和现有各区域组织就划区管理工具的一致性和相关性至关重要。

指导原则和途径纳入文书文本，通过和业务条款的关联使之尽可能具有可操作性，并且可以不影响现有的区域性管理组织实体、管理措施，从而达到不同的角度、不同的层次养护和可持续利用国家管辖范围以外区域海洋生物多样性的目的。

欧盟、加勒比国家共同体、太平洋小岛屿发展中国家、厄立特里亚、古巴、斯里兰卡、菲律宾、以色列和喀麦隆赞成提及预防原则和生态系统方式，而挪威、中国、冰岛、美国、日本、马尔代夫、土耳其、韩国和俄罗斯倾向于采取预防性措施。加勒比国家共同体与太平洋小岛屿发展中国家、厄立特里亚、菲律宾和新西兰一道强调了传统知识的重要性，俄罗斯则建议在“适当时”考虑传统知识。中国强调了最佳的科学证据，韩国强调最好的科学，俄罗斯强调最好的科学数据。加拿大指出，在一般原则和方针下将更好地讨论这些规定。

借鉴大西洋马尾藻海海洋管理的原则和途径[②]，实施生态系统途径和预防原则，制定特别条款、附件和指南（可能是依据 1995 年《联合国鱼类种群协定》的途径），保证在实施海洋保护区建设和其他划区管理工具中指导其行动。其他以过程为导向的

① UNCLOS Article 278 provides: “The competent international organizations referred to in this Part and in Part XIII shall take all appropriate measures to ensure, either directly or in close cooperation among themselves, the effective discharge of their functions and responsibilities under this Part.” UNCLOS Part XIV. http://www.un.org/depts/los/convention_agreements/texts/unclos/closindx.htm.

② Lessons from the Sargasso Sea: Challenges to the conservation and sustainable use of marine biodiversity beyond national jurisdiction. http://www.sargassoseacommission.org/storage/SargassoBrochure.FIN.pdf.

原则和途径也很重要，可以包括透明度、公开过程的参与，公共信息的提供和研究①，以及定期检查相关工作的进展。当然，所有的原则执行的依据一定是最佳的科学证据，即不能夸大预防原则和生态系统的方法，需要在最佳科学证据下，判断可能引发的影响或者对生态系统的破坏。

① IUCN Policy Briefs, 2013. Paper IVP Governance Principles. https://cmsdata.iucn.org/downloads/iucn_series_of_policy_briefs_on_scope_parameters_and_feasibility.pdf. See also High Seas Alliance, Ten Governance Principles for an International Legally Binding Instrument on Marine Biodiversity in Areas Beyond National Jurisdiction. http://highseasalliance.org/sites/highseasalliance.org/files/HSA_10%20principles_English_web.pdf

7 程 序

国家管辖范围以外区域的划区管理工具包含公海保护区已在不同区域组织和部门有所实践，这包括当今全球最大的罗斯海公海保护区、区域渔业组织选划的特别脆弱区等，其中，全球范围内涉及公海的保护区主要有 10 个（表 7.1）。每个公海保护区的目标和措施都需要严格对应，并在各自的缔约方范围内具有效率，对于第三方不具有法律约束力。在全球范围内识别划区管理工具包含公海保护区，开展划区管理，仍面临一系列程序上和机制上的困难，这些不确定性包括标准的制定程序、划区管理工具包含公海保护区的提案、决策、评审等程序。

表 7.1　涉及公海部分的海洋保护区

序号	保护区名称	建立时间	保护面积	提出国家	所在组织	保护目标	措施
1	罗斯海保护区	2016 年	157×10^{4} km^{2}	美国和新西兰	CCAMLR	①保护该地区的生物结构和生态功能，通过保护栖息地，对当地的哺乳动物、鸟类、鱼类和无脊椎动物进行必要的保护； ②提供濒危鱼类种群的研究资料所在地，更好地研究气候变化对鱼类生态效应的影响，提供更好地研究南极海洋生物系统的机会； ③提供更好地研究海洋生物资源的机会； ④为底栖和浮游海洋环境中的具有代表性的部分提供保护； ⑤作为大规模的生态系统对其生产力和生态系统的完整性提供特殊保护； ⑥保护食物链顶端的陆上掠食者或鱼类顶端的掠食者； ⑦保护海岸中具有特殊生态价值的部分； ⑧对南极犬牙鱼的栖息地提供特殊保护； ⑨保护罕见的或脆弱的底栖生物的栖息地。	①委员会：考虑来自科学委员会和执行和履约常设委员会的建议，以审查建立 MPA 的保护措施；与其他组织进行沟通，以促进这些组织所从事或管理的补充性倡议、保护措施或活动与该保护措施相一致（视情况而定）；根据本保护措施第 6 段之二的要求，决定在海洋保护区研究捕鱼活动。 ②科委会：依照保护措施 6 款的时间要求（每年或者每两年一次），审查和提供建议委员会关于在约定区域内研究捕鱼活动的建议，特别提出研究捕鱼活动是否符合附件 91-05/C 和 MPA 的具体目标中确定本条第 3 款的保护措施；根据这项养护措施第 15 段，审查已进行的研究活动的报告，并就附件 91-05/C 第 5 段所查明的问题向委员会提供咨询意见；建议研究设计，以优化在特别研究区内捕鱼的船只对南极犬牙鱼标记计划的贡献，并审阅根据养护措施 24-01 提交的任何研究计划；就渔船的最佳使用和装备提供建议和咨询，以收集支持 MPA 所需的数据；根据现有数据，并在本养护措施第 8 段规定的捕鱼季节后至少每五年对 SRZ 的实施情况进行评估，以确保达到研究目标。本养护措施第 8（ii）（a）段规定的渔获量限制将根据该养护措施第 18 段进行审查。 ③秘书处：存储、管理和传播与 MPA 的开发、管理和评审相关的信息和数据（例如，研究调查期间收集的数据）；协助成员监察及遵守 MPA 内的活动；在秘书处网站上提供 URL 链接到 MPA 内或附近的南极特别保护区和南极特别管理区的管理计划、地图和坐标。 ④缔约方：在可能的情况下，根据研究和监测计划中概述的活动，参与和合作进行研究和监测；根据科学委员会就上文第 4（iv）段提供的意见，酌情采取行动；根据这项养护措施第 15 段向秘书处提交关于其研究活动的报告

续表

序号	保护区名称	建立时间	保护面积	提出国家	所在组织	保护目标	措施
2	南奥克尼群岛南大陆架海洋保护区	2010 年	9.4×10^4 km^2	英国	CCAMLR	①保护 CCAMLR 渔业分区第 48.2 分区内的海洋生物多样性； ②保护独特的海洋学特征和信天翁、海燕、企鹅的重要觅食区	①规定该保护区采取的保护措施包括：整理数据以描述 11 个重点海域的生物多样性情况和生态系统过程、物理环境特征和人类活动；召开研讨会审议不同的选址方案。 ②南奥克尼群岛周围的 48.2 渔区禁止捕鱼；禁止一切渔船在该区域进行任何形式的排污；禁止实施与任何渔船有关的转运活动；为监测保护区域内的交通情况，鼓励船只进入该区域前，将其船旗国、船只大小、路径等信息通知 CCAMLAR 秘书处；以监测或其他目的，参考 CCAMLAR 科委会的意见，在 CCAMAR 同意的前提下开展渔业相关的科研活动，且需符合保护措施；涉及海上人员安全紧急情况，保护措施不适用
3	派格拉斯海洋保护区	2002 年	8.75×10^4 km^2	法国、意大利和摩纳哥	巴塞罗那公约	鲸类和海豚的保护区	加强对保护区内污染源的控制；对捕鱼业的规定更加严格，特别是禁止使用拖网；协议各方合作旨在阶段性地对海洋哺乳动物状况及其生境等进行评估；协议各方应当在保护区内开展监测活动，加强对各种污染形式的抵制；其他措施，包含禁止有意地捕获或故意干扰，其他的休闲类活动的控制
4	查理－吉布斯南部海洋保护区	2010 年	146 032 km^2	比利时，丹麦，芬兰，法国，德国，冰岛，爱尔兰，卢森堡，荷兰，挪威，葡萄牙，西班牙，瑞典，瑞士和英国，以及欧盟	OSPAR	①保护、养护和恢复因人类活动而受到不利影响的物种、生境和生态过程；	①增强意识：提高国家层面的意识，比如通过合适的国家机构通知相关利益方，以及将公海保护区纳入海图和其他地图；通过增强意识和自愿性协议，致力鼓励悬挂他们国旗的船舶遵守管理框架和实现养护目标。

续表

序号	保护区名称	建立时间	保护面积	提出国家	所在组织	保护目标	措施
5	亚速尔群岛北部大西洋中脊公海保护区	2010 年	93 570 km^2	比利时，丹麦，芬兰，法国，德国，冰岛，爱尔兰，卢森堡，荷兰，挪威，葡萄牙，西班牙，瑞典，瑞士和英国，以及欧盟	OSPAR	②按照预防原则，防止物种、生境和生态过程的退化和破坏； ③保护和养护最能代表OSPAR 域物种范围、生境和生态过程的区域	②信息建设：国家层面实现与利益相关方建立和分享相关的信息和知识；向 OSPAR 委员会报告国家层面的关于生物多样性与生态系统及人类活动影响的科学和技术信息、知识。 ③海洋科学：通过公海保护区的国际研究项目，国家科研船舶或国家研究机构推动在 OSPAR 的深海和公海进行对海洋研究负责任的 OSPAR 行动准则（OSPAR 协议 2008-1）；鼓励及支持和启动科研项目和规划，以增强该地点、人类活动的影响及达到养护目标解决方式的知识库；鼓励将该公海保护区域作为关于气候变化和海洋科研项目的参考区域；识别监测该区域实现养护目标的适合的机制；以及识别促进该区域养护目标实现的活动和减缓行动。 ④新发展：公开和提请公众注意在该公海保护区关于人类活动的 OSPAR 委员会计划，或在该区域外可能会影响养护目标和对该公海保护区生态系统带来重大影响的任何措施；确保在该公海保护区的对人类活动或在该区域外可能会影响养护目标的任何措施符合 EIA 和 SEA，并采取合适的措施；确保在计划新的活动和评估其对公海保护区潜在影响过程中的利益攸关方的参与。该参与的指南为“与利益攸关方在建立和管理海洋保护区方面进行交流的良好实践的 OSPAR 指南（OSPAR 协议 2008-2）”；在计划新的活动和评估其对公海保护区潜在影响时，应使用最佳可获得的科学证据。 ⑤第三方：与第三方和相关国际组织适当地建立关系，致力推动传递 OSPAR 委员会设立的公海保护区的养护目标和鼓励适用以上的项目和措施
6	米尔恩海山复合海洋保护区	2010 年	20 914 km^2	比利时，丹麦，芬兰，法国，德国，冰岛，爱尔兰，卢森堡，荷兰，挪威，葡萄牙，西班牙，瑞典，瑞士和英国，以及欧盟	OSPAR		
7	阿尔泰海山公海保护区	2010 年	4 384 km^2	比利时，丹麦，芬兰，法国，德国，冰岛，爱尔兰，卢森堡，荷兰，挪威，葡萄牙，西班牙，瑞典，瑞士和英国，以及欧盟	OSPAR		

续表

序号	保护区名称	建立时间	保护面积	提出国家	所在组织	保护目标	措施
8	安蒂阿尔泰公海保护区	2010年	2 807 km^2	比利时，丹麦，芬兰，法国，德国，冰岛，爱尔兰，卢森堡，荷兰，挪威，葡萄牙，西班牙，瑞典，瑞士和英国，以及欧盟	OSPAR		
9	约瑟芬海山复合公海保护区	2010年	19 363 km^2	比利时，丹麦，芬兰，法国，德国，冰岛，爱尔兰，卢森堡，荷兰，挪威，葡萄牙，西班牙，瑞典，瑞士和英国，以及欧盟	OSPAR		
10	查理－吉布斯北部公海保护区	2012年	178 094 km^2	比利时，丹麦，芬兰，法国，德国，冰岛，爱尔兰，卢森堡，荷兰，挪威，葡萄牙，西班牙，瑞典，瑞士和英国，以及欧盟	OSPAR		

7.1 划区管理工具包含公海保护区的识别准则

7.1.1 划区管理工具准则的确定、审查和更新

目前，不同区域组织和机构提出了各自的划区管理工具准则，但作为全球通用的准则仍未达成一致。划区管理工具的准则作为新文书的重要组成部分，也是目前谈判最为核心的部分，在第四次政府间大会非正式文件中已经建议将标准作为附件附在新执行协定之后，由新成立的科学技术咨询委员会决定。

7.1.1.1 各方观点

日本、美国、菲律宾、基里巴斯、新加坡和公海联盟支持简化清单，采取灵活的方式。澳大利亚、马尔代夫和塞内加尔呼吁制定一份详尽的清单。

G-77/中国与孟加拉国和拉丁美洲核心国家（the Core Latin American countries, CLAM）一起提出包括“慢速恢复”和“恢复弹力”在内的识别标准的指示性清单，但删除了稀有性、生物生产力、自然性、经济和社会因素、气候变化的不利影响，以及海洋酸化及累积和跨界影响几个标准。

欧盟呼吁删除对依赖性、经济和社会因素，以及可行性的提法。小岛屿发展中国家倾向于唯一性“或”稀有性；建议将文化因素添加到清单中；并强调了气候变化和海洋酸化的重要性。新西兰在厄立特里亚的支持下，提议在生态连通性方面增加文化连通性和文化价值。

非洲集团提出了简化的标准分类：易受影响，包括气候变化、海洋酸化、人为海洋噪声污染和其他累积影响的影响；对于稀有的、濒临灭绝的稀有海洋物种和其他形式的海洋生物的生存、功能或恢复至关重要；天然碳库；提高生产力和健康状况，增强抵御压力的能力，包括与气候变化、海洋酸化和海洋污染有关的压力。

中国与古巴一起建议将标准分为四类，以反映经济、社会、生物和生态，以及操作标准。

挪威询问如何在新条约中实施标准清单，并警告说：“我们最终可能会需要对海洋的每一部分进行特殊处理。”其进一步质疑“易损性”“脆弱性”和“敏感性”标

准之间的区别。

厄立特里亚强调了社会经济因素的重要性，并与古巴一道提议包括提及可持续发展目标。瑞士、日本和美国一起指出了与其他机构和组织下的工作的联系。

日本和美国认为气候变化已被易损性、脆弱性、敏感性和缓慢恢复所充分覆盖，而瑞士和新加坡则提议将脆弱性与海洋酸化相结合。新西兰和其他国家倾向于提及易受气候变化及其影响的影响。泰国强调了在描述脆弱性时纳入气候变化和海洋酸化的重要性。

加勒比国家共同体提议对条款进行调整，以确保重点放在保护和可持续利用上，并扩大可能受到划区管理工具约束的领域。加勒比国家共同体进一步建议，在欧盟、泰国、塞内加尔和菲律宾的支持下，将标准纳入条约的一般规定附件中，以提供标准确定方面的指导，建议由科学技术机构负责制定。根据其他机构的经验教训，不断修订标准。新西兰对标准的附件形式出现持灵活性态度。

在小岛屿发展中国家的支持下，欧盟提议在认可相关机构指定的现有海洋保护区时也使用标准清单。

关于建立划区管理工具的机制，俄罗斯指出，决定应在区域主管机构内作出，并强调该条应描述需要“注意”而不是保护的领域的一般做法；并对附件中的指示性清单表示灵活性。

7.1.1.2 矛盾点分析

欧盟为首的保护派强调对生物多样性的保护，摒弃其在社会经济发展中的作用；发展中小岛屿国家和非洲集团则强调气候变化、海洋酸化和海洋污染的影响，强调生物多样性的保护作用；中国、古巴和厄立特里亚强调社会经济方面的作用，同时，美国、日本和俄罗斯等要求比较宽松的选划标准，采取灵活的方式推进养护和可持续利用。

在第三次政府间谈判过程中，大会提出了建立主席团和权威委员会的决定，即可能设立专门的科学技术咨询委员会，由科学技术咨询委员会根据最佳的科学知识，审查和更新用于确定划区管理工具包含公海保护区的准则。

对比现有的区域性和全球性的管理组织架构，一般有常设委员会（设有秘书处），下设科学技术咨询委员会、执行和履约委员会，以及行政和财务委员会三大部门，科学技术咨询委员会下设数据工作组、模型工作组、监测工作组和调查工作组等。科学技术咨询委员会负责与各缔约方的科学研究合作，目的是广泛征集各方的利益需求，以及对科学结论的质疑意见等。不同的职能部门围绕公海保护区的选划、评估、调查、监测和履约等工作开展分工合作，共同推进公海保护区的有序建设。

由科学技术咨询委员会根据研究的不断深入及科学认识的提升，对附件的标准在科学依据的基础上做适当的审查和更新，推进划区管理工具包含公海保护区确实为提升区域的生物多样性养护和可持续利用提供有力保障。

7.1.2 划区管理工具包含公海保护区建议包含的准则

公海保护区是划区管理工具的一种，是为提供特殊的保护目标而识别的区域，因此，其需要满足特定保护目标的准则才能确定为公海保护区。其中，影响生物多样性的因素有很多，即从生态系统本身的属性，及生物与生态的准则；从利用角度上，受到了社会和经济因素的影响；从操作层面上，即该区域确实受到了来自人类活动的影响，并且现有的影响可以通过保护区的形式开展保护并得到恢复。因此，保护区的准则分为生物生态学准则、社会因素准则、经济因素准则和可操作性准则四大类，其中生物生态学准则只要满足其中的一个即可，而社会因素准则、经济因素准则和可操作性准则需要同时满足表 7.2 中的几种准则。

表 7.2 公海保护区区域选择准则

范围	准则	定义	解释
生物生态学准则	稀有性或者独特性	该地区包含（i）独特的（独一无二）、稀有的（仅在少数地方存在）或特有物种、种群或群落，和/或（ii）独特、稀有的或明显的栖息地或生态系统；（iii）深海除外 The area contains either (i) unique (the only one of its kind), rare (occurs only in few locations) or endemic species, populations or communities, and/or (ii) unique, rare or distinct, habitats or ecosystems; (iii) except for the deep sea for its lacking of knowledge	因为深海底栖生物稀有种占 60%以上，大型底栖生物 90%以上为新种①，因此，深海是稀有性或者独特性的区域
	对于受威胁、濒危、衰退物种，或者难恢复物种或栖息地	区域包含生存和濒危、受威胁或衰退物种的栖息地或者重要物种的聚集区域 Area containing habitat for the survival and recovery of endangered, threatened or declining species or area with significant assemblages of such species	因为 VME、EBSAs、PSSA、KBA 等都作为参考指标之一
	对于物种生命周期的特殊重要性	种群生存和发展所需区域 Areas that are required for a population to survive and thrive	因为 VME、EBSAs、PSSA、KBA 等都作为参考指标之一
	易伤性、脆弱性、敏感性	地区包含相对较高比例的敏感栖息地、生境或脆弱性物种（极易因人类活动或自然事件而退化或枯竭） Areas that contain a relatively high proportion of sensitive habitats, biotopes or species that are functionally fragile (highly susceptible to degradation or depletion by human activity or by natural events)	因为 VME、EBSAs、PSSA、KBA 等都作为参考指标之一
	高生物多样性	该区域包含生态系统、栖息地，群落或物种的多样性相对较高，或者遗传多样性较高 Area contains comparatively higher diversity of ecosystems, habitats, communities, or species, or has higher genetic diversity	因为 VME、EBSAs、PSSA、KBA 等都作为参考指标之一

续表

范围	准则	定义	解释
社会因素准则	旅游	该地区对旅游业发展的潜在价值 The existing of potential value of the area to tourism development	那些适合发展符合保护目标的旅游形式的地区应该得到更高的关注
	科研教育	某种程度上该区域表现的各种生态特征，可以为科学方法的研究和示范提供帮助 The degree to which an area represents various ecological characteristics and can serve for research and demonstration of scientific methods	一个区域能够清楚地展示不同生境类型和生态关系，面积足够大，既可提供养护服务，又可容纳教学的区域（即实地考察或现场学习中心）应该得到更高的关注
	文化	宗教、历史、艺术或其他文化价值 The religious, historic, artistic or other culture value of the site	自然区域也包含重要的文化特征，应该给予较高的评价，因为它们的保护可能有助于维持邻近生态系统的完整性
	宣传	该区域的环境宣传程度可以帮助贡献知识并提升环境价值和保护目标 The degree to which environmental public within the area can contribute knowledge and appreciation of environmental values and conservation objectives	海洋资源与人类的关系有重要的价值，便于提高人们对海洋环境的了解、观赏和保护意识的区域应该得到更高的关注
	公众教育	该区域内进行监管、研究、教育或培训的程度，可以贡献知识并提升环境价值和保护目标 The degree to which monitoring, research, education or training within the area can contribute knowledge and appreciation of environmental values and conservation objectives	能够将污染监测和教育等活动结合起来的区域应该得到更高的关注
	基准地区	该区域可以作为科学研究的“控制点”（即未受控制的区域用于衡量其他地方的变化） The degree to which the area may serve as a “control site” for scientific research (i. e. an unmanipulated area used to measure changes elsewhere)	基准地区是生态监测方案的重要组成部分，应得到更高的评价

续表

范围	准则	定义	解释
经济因素准则	渔业重要性	依赖渔民的人数和渔业产量的大小 The number of dependent fishermen and the size of the fishery yield	渔民对该区域的依赖程度越高，其鱼的产量就越大，对该区域正确管理以确保可持续的捕捞就变得越重要
	深海采矿的重要性	该地区矿产资源的数量和类型 The amount and the type of mineral resources in the region	人类对该区域矿产资源开发的依赖程度越高，其矿产资源量就越大，矿产类型就越特殊，对社会经济发展贡献重大
	航行重要性	该区域用于航行的频率 The frequency at which the area is used for navigation	人类对该区域的航线频率越高，该区域受到的航行压力就越大，对该区域正确管理以确保海上航行对生物多样性带来不可恢复的破坏
	经济利益	从长远来看保护的程度会影响当地经济 The degree to which protection will affect the local economy in the long term	开始，一些保护区可能会产生短暂的、破坏性的经济影响。但是从长期看，有些保护措施可以带来明显积极作用的区域应得到较高的关注（例如，保护商业鱼类的饲养区或具有娱乐价值的地区）
	利益冲突	该区域保护的程度会影响当地居民的活动 The degree to which area protection would affect the activities of local residents	如果一个区域用作娱乐，则该区域不应是主要捕鱼区，且应没有多少独立的渔民。因此，在某些情况下，谨慎地将不同功能分区可以将此类冲突最小化
可操作性准则	代表性	该区域是全球特定生物多样性、生态系统、生态或生理过程、群落或栖息地类型或其他自然特征的优秀的说明性的示例 An area that is an outstanding and illustrative example of specific biodiversity, ecosystems, ecological or physiographic processes, or community or habitat types or other natural characteristics for globally	养护和可持续利用生物多样性具有全球性，不局限于区域，所以在定义的最后强调了全球性的代表性

续表

范围	准则	定义	解释
可操作性准则	清晰的边界	清晰和明确的拐点象征着保护区网络里面的保护区的面积大到足以保护生态系统的生态活力和特征完整性 Adequate & viable sites indicate that all sites within a network should have size and protection sufficient to ensure the ecological viability and integrity of the feature (s) for which they were selected	由于保护区需要清晰的边界，才能在保护区内采取相应的管理措施，管理人类的海洋活动，这是执行养护和管理的基本条件
	受威胁	直接开发与发展项目带来的当前和潜在的威胁 Present and potential threats from direct exploition and development projects	保护区之外污染的潜在来源（如大型港口、石油沉积物或河口）越远，物种和群落的生存前景就越好。然而，如果一个重要的生境受到严重威胁，也许最重要的是执行一项管理计划，将威胁减少到可容忍的水平
	紧迫性	必须立即采取措施，以免改变或丢失该区域的价值 The degree to which immediate action must be taken, lest values within the area be transformed or lost	缺乏紧迫性并不一定要被给予较低的关注，因为在威胁到来之前就做好保护工作往往是最好的，也是成本最低的方法
	有效性	实施管理计划的可行性 The feasibility of implementing a management program	一个区域，满足许多标准，但不能充分管理（如监视、巡逻和防卫）没有多大用处。更高的关注点应该倾向于那些易于管理的区域
	实用性	该区域可供收购或者可以与所有者达成协议进行管理 The degree to which the area is available for acquisition or can be managed satisfactorily by agreement with owner	一个区域的保护确实能有效地提升区域生物多样性或遏制生物多样性下降，该区域应受到更高的关注
	恢复力	该地区可能会恢复到以前的自然状态 The degree to which the area may be returned to its former natural state	能够提高重要物种或过程的生产力或价值的区域应该得到更高的关注

注：VME 是指脆弱海洋生态系统；EBSAs 是指重要生态或生物学意义的海洋区域；PSSAs 是指特别敏感海域；KBA 是指关键的生物多样性区域。

① Smith et al., Setup of Marine Protected Areas in Deep-sea Ecosystems: The APEI Process in the CCZ. University of Hawaii at Mano.

7.1.3 非正式文件中文书关于识别保护区域准则的要求

在第四次非正式文件中罗列的准则中，共包含了21个选划准则，但是，都没有对其使用方法做一个广义的指南，有以下问题需要进一步澄清。

（1）采纳的准则需要具有可量化的标准，如多样性高，是指哪个多样性指数高（包含香农多样性指数、辛普森多样性指数、丰度多样性指数等）？多少算高？需要有可以权衡的标准。

（2）尺度问题，如代表性，执行协定谈判下的养护和可持续利用的国家管辖范围以外区域海洋生物多样性是全球性质的，也是让全球共同遵循的一个法律文书，所以需要有全球代表性，即全球代表性如何量化。

（3）未能达到最佳科学认知的标准不能作为保护区识别的准则，保护区对人类活动的限制对现有人类活动产生了影响，并影响了人类社会的发展，所以需要有最佳的科学认知。随着人类认知水平的提高，可以相应地更新准则，其程序是怎样的？

（4）区域受到人类活动的威胁，对生物多样性产生一定程度的负面影响，而这种负面影响的程度是怎样的？是否超出了维持生物多样性可持续利用的范畴？只有这种影响超出一定阈值的区域才能识别为需要保护的区域。

7.2 划区管理工具包含公海保护区的提案

首先，具有提案资格的主体需要确认，即新文书的缔约方，而无政府组织等不具有提案资格；其次，完整的提案提交科学技术咨询委员会审议，以及接受各缔约方的科学质疑，最后形成科学技术咨询委员会整体意见，上报给常设委员会；最后，由常设委员会的秘书处向各缔约方发出通知，并对最后的决策做出表决，采用协商一致的方法做最后的结论。

7.2.1 各方观点

G-77/中国、拉丁美洲核心国家、加勒比国家共同体与其他许多国家建议，缔约国向秘书处提交关于“建立”而不是“指定”划区管理工具的提案。俄罗斯建议删除该规定。加勒比国家共同体建议增加“适用保护和可持续利用措施”。美国指出，主要重点在于确定需要进一步保护的领域，并支持将提案的提交仅限于各州，包括缔约国和“有权成为缔约国的州”。厄瓜多尔建议两个或多个缔约国可以提交联合提案，其中至少一个毗邻提案地区。冰岛重申，不应破坏相关框架和机构的任务规定，呼吁在存在此类机构的情况下不建立划区管理工具。

7.2.2 矛盾点分析

美国和俄罗斯作为海洋强国，主张削弱提案的作用，提倡对现有海洋制度的认可，冰岛强调了现有框架和机构的作用，支持了美国和俄罗斯的观点，提倡对海洋的利用。厄瓜多尔等海洋地理有利国强调了毗邻区域或国家的作用，旨在强调邻近国的作用。在第四次政府间大会（IGC4）的非正式文件中，赋予了利益攸关方权利，但是在整个执行协定中，其主体一定且必须是缔约国，利益攸关方的权利体现必须通过所在缔约国诉求。

关于需要采用划区管理工具包含公海保护区的海域的确定可以依据最佳现有和独立的科学咨询，理想的是来自实施协议的科学专家咨询机构。

在建立海洋保护区网络方面，科学专家咨询机构也可以起到重要作用，其中包括建立海洋保护区相干网络的审议过程中的作用，以及需要增加建立的潜在站点（或站点特征）收集信息的作用。在国家管辖范围以外评价和建立具有全球生态代表性和联系充分的海洋保护区网络应该是科学驱动的过程，既要有全球观念，也要有区域观念，其中也要考虑到国家管辖范围以内已经建立的海洋保护区的位置和保护价值。

要求具有代表性的保护区网络要确保保护生态系统服务的所有的生境类型和范围，它们需要关联起来，确保区域之间功能联系的完整性，对于在生活史阶段的距离远达几百米或几千米的高度洄游物种特别重要。重复性（不止一个相似的区域）可以确保在极端事件中的连续性。网络内的区域必须适当和有活力，说明它们的面积和保护足以确保生态活力和选定的特征的完整性。

适当性和活力取决于面积、形状、缓冲、特征的持续、威胁、周围的环境（环境关联性）、物理制约、特征/过程的尺度、溢出/致密性。鉴于此，划区管理工具应根据保护目标的集中程度和区域的社会经济因素考虑，划区管理根据养护目标，不同分区采取有差别的保护措施，以达到养护和可持续利用国家管辖范围以外区域海洋生物多样性的目标。

7.2.3 提案要素建议

提案的主体必须是缔约国，可以是单个缔约国或者联合的多个缔约国一起提案，提案必须包含如下要素：

（1）区域建立划区管理工具包含公海保护区的必要性；

（2）对于地理/空间范围的描述；

（3）威胁/易损性，以及保护的价值；

（4）识别标准相关的生态因素；

（5）识别标准相关的科学数据；

（6）保护与可持续利用的目标；

（7）相关全球性、区域性和行业性机构的作用；

（8）选定区域及其附近区域现有的保护措施；

（9）选定区域具体的人类活动；

（10）现有的人类获取确实对其产生负面影响；

（11）现有的负面影响，生物多样性可以通过一定的养护和管理措施，使其完全/适当地恢复；

（12）社会经济考虑；

（13）管理计划草案；

（14）监测、研究和评估计划。

7.3 划区管理工具包含公海保护区的咨询和审查

7.3.1 各方观点

Revell 在“非正式信息”的报告中强调：融合以提供一个开放、包容和透明的过程；需要建立一个有时间限制的咨询程序；在不开展重复磋商过程以确保效率的情况下，确定如何修改提案的重要性；向科学技术机构提交建议书的适当问题；是否需要进行初步审查。

7.3.2 矛盾点分析

根据第三次政府间大会（Intergovernmental Conference 3，IGC3）Revell 提供的信息，其只是笼统概括提案的咨询和评估的大体要求，没有详细的要点；第四次政府间大会（Intergovernmental Conference 4，IGC4）非正式文件对每个要求提出了详细的要点，过多地强调了利益攸关方的关切、邻近国家及小岛屿发展中国家的保护需求及其现有管理措施的应用。这是一个地理有利国和地理不利国之间权利的争夺。

评估的主体是科学技术咨询委员会，由科学技术咨询委员会评估后拟定补充意见，由提案方在规定时间内补充完善后，科学技术咨询委员会再次评估，并形成书面意见提交秘书处，通过秘书处在缔约国大会上磋商。

科学技术咨询委员会主要评估提案材料的完整性；调查的方法、站点设计、调查的手段、调查的时间分布、调查的样本处理，数据处理过程，模型构建及描述的准确性；问题分析的科学性；管理措施和管理对策的合理性；预期目标分析的可预见性；跟踪监测计划和后续研究计划的全面性；定期评估设计的充分性；数据的规范性等。

评估的实质应该是对科学性的要求，而不应该只有原则、区位优势及权利的争夺。

7.4 划区管理工具包含公海保护区的决策

7.4.1 各方观点

Revell 在“非正式信息”的报告中指出：普遍支持缔约方会议的可能决策职能；在无法达成共识的情况下，是否应该仅通过共识做出决定还是应该考虑采用投票机制解决意见分歧；建议采用透明性原则，明确需要通知邻近沿海国家的讨论事项。

7.4.2 矛盾点分析

整个决策的机制主要围绕无法达成一致意见时的处理方式，包含协商一致和投票制两种方式。

决策的依据是来源于科学技术咨询委员会的评估意见，各缔约国通过审议评估意见的客观性、可操作性及权衡社会经济等因素，采用协商一致的原则通过决议。

7.4.3 国家管辖范围以外海域指定划区管理工具包含公海保护区的决策如何说明必需的管理措施

首先，需要将划区管理工具和海洋保护区区分开，即划区管理工具的管理措施在现有全球性和区域性的管理组织下，已经做得非常成功，如联合国粮食及农业组织、国际海事组织、国际海底管理局等，维持现有的管理措施，各组织在其专业管理的领域内，针对潜在出现的各种问题，根据地方的特点及区域的利用效应等，结合科学技术咨询委员会的提议，适时适地不断完善管理措施。而海洋保护区是一个综合性的问题，涉及的方面比较多，管理措施也相对严格，管理措施必须与保护目标相一致，即单因素变化对保护目标的影响，多因素目标保护对保护目标的影响等，需要做到详细可操作，同时应根据后期的监测及评估做适应性的改进。

在行业划区管理工具方面，可由主管国际组织直接通过其会员国实施要求采取的管理措施。实施协议建立的科学专家团体的投入有助于国际组织研究累积影响、全球问题和关切，并提供技术能力实施基于生态系统的管理的概念、为实施划区管理工具提供信息等。

在海洋保护区内，实施协议的缔约国在国家管辖或控制范围内的过程和活动，包括其国民或悬挂其旗帜的船舶，实施管理措施的直接责任。可以要求实施协议的缔约国真诚合作，通过相关组织采取相辅相成的措施。

同时，缔约国可以在一定的时间内（如 2 年）敦促/邀请主管国际组织采取相辅相成的措施。在指定之前的协商过程时，要为这些其他组织的成员国提供机会分享其观点和关切。

对管理、科学研究和监测、控制和监视做出相应的规定[①]。

① For further information on monitoring, compliance and enforcement, see Greenpeace's submission on MPAs. http: // www. un. org/depts/los/biodiversity/prepcom_files/greenpeace2. pdf.

7.5 管理措施

7.5.1 谁可以建议管理措施

一是提案一方需要提出相应的管理措施；二是参与决策咨询的利益相关方或者缔约方有权利对管理措施提出改进、补充、完善等。

任何一方均可以建议管理措施，但由此导致的责任则在于措施或建议书，尤其是海洋保护区的提议者。协商过程也可以提出管理措施的建议。其他的也有权按照CITES或者世界遗产公约的申请提名过程提出管理措施的建议[①]。

7.5.2 谁可以决定管理措施

科学技术咨询委员会综合各咨询方、提案方，经过科学的审议，最终提交审议结果，并附上相应的管理措施和制定该结果的理由，公示后提交常设委员会，最终由常设委员会协商一致通过，事实上，最终的决定权在各缔约方。

至于行业划区管理工具，主管国际组织依然作为管理措施的主要决策组织。

实施协议的科学技术咨询委员会可以一站式提供生物多样性的科学咨询建议和投入。可以要求主管国际组织考虑科学技术咨询机构的建议，为书面决策提供理由和论证。

至于海洋保护区，决策的主要责任在于管辖或控制过程和活动，其中包括其公民和船舶，实施协议的缔约国。可以要求/敦促/邀请主管国际组织采取相辅相成的措施。

7.5.3 管理措施是否具有时限

海洋生态系统本身具有一定自我恢复的能力，即在受到外界干扰后失去平衡，经过一段时间的保护后，又能恢复原来状态的能力。在此，仍然需要将划区管理工具和公海保护区区分开，现有的划区管理工具对应的管理措施都具有一定的时效性，呈现

① See Rules of Procedure of World Heritage Commission, Rules 6－8 on observers, advisors, consultations. http://whc.unesco.org/document/125501.

时空变动的状态。而公海保护区的管理措施，要从其定义出发，即非长期的保护，是在保护目标达到时，保护区失效。

对于行业划区管理工具，管理措施可以按照其建立的目标，在时间和空间呈动力变化（随着人口和相关的海洋学特征的运动而运动）。行业划区管理工具的例子之一是，在鲸类洄游期间暂时封闭水道；另一个例子是在鱼类的繁殖或产卵季节禁渔。在本质上，如果目标是在关键的生活史阶段促进洄游或者保护某些生境，那么措施就必须在关键时期生效。

由于海洋保护区在于促进长期自然保护，因此不能有时限，但应该确定审议和修订的时间，以确保依然达到目标。

7.5.4 管理措施包含哪些内容

对于行业划区管理工具，管理措施围绕相关组织的职责制定。

同样，行业或者区域生物多样性战略和行动计划有助于相关组织确定其职责范围内的优先行动[①]。

对于海洋保护区，采取的措施具有跨行业的特性，有能力针对所有的影响/威胁/活动，其中包括现有主管组织没有覆盖的内容，而且也针对活动和气候变化的累积影响和采取前瞻性的预防措施[②]。

对于海洋保护区，实施协议可以为决策组织或二级组织和相关主管组织协商制定海洋空间规划时提供目标、科学准则和最低要求[③]。

7.6 履约

7.6.1 各方观点

Revell 在“非正式信息”报告中指出，趋同性包括本文的某些形式，但指出需要

① For further suggestions on ABMTs, see IUCN Matrix. http://www.marinebiodiversitymatrix.org/c_1_2_1.html.

② For further suggestions on MPA Management measures, see IUCN Matrix. http://www.marinebiodiversitymatrix.org/c_1_3_7.html.

③ For further suggestions on marine spatial planning, see IUCN Matrix. http://www.marinebiodiversitymatrix.org/b_1_4.html.

进一步讨论保留哪些元素，并解释，这些观点是由针对划区管理工具包含公海保护区的不同制度安排提供的，以及根据协议可能建立的附属机构的角色。

7.6.2 矛盾点分析

整个履约的焦点在于不同制度安排下现有措施的作用及小岛屿发展中国家的诉求。

履约的主体是国家，小岛屿发展中国家如果有提案的能力，同时也就必须有监测的能力，也就是履约的能力；适当顾及原则可行，但只能是以支援的形式满足，在履约方面是平等的。

7.6.3 国际文书中要包括哪些履约和执法措施

实施协议可以成立履约委员会（Compliance Committee）或者委员会只包括通过履约机制的一般法定职责，没有具体的范围或功能。以下措辞可以表达这样的法定职责：

"缔约国在第一次会议上应研究和批准合作的程序和裁决不遵守本协议规定和处理被发现不履约成员的行政机制。这些程序和机制应包括在适当的领域提供建议或援助的规定。"

鉴于缔约国主要负责在海洋保护区和其他国家管辖范围以外管理工具中对其管辖或控制的船舶和国民执法，实施协议可以具体规定缔约国采取必要的国家立法和行政要求的责任，确保其国民和悬挂其旗帜的船舶履约。

自动信息系统（AIS）和船舶监测系统（VMS）等新技术可以提高沿海国对外海划区管理工具的监测，甚至执法①。为了降低成本，提高国家对这类技术的获得性，可以建立一种机制支持国际合作。

合作执法机制在公海登船和检查方面可以参照《联合国鱼类种群协定》：在实施协议中具体规定基本的法定义务，但在具体同意的措施中可以提出为不必要。替代的做法是，进一步强调港口国控制和检查，回避公海执法的成本。

---

① See Nereus Scientific and Technical Brief on Satellite Tracking of High Seas Fishing. http：//www. nereusprogram. org/briefs.

7.7 监测和审查

7.7.1 各方观点

Revell 从非正式讨论中报告，支持由缔约国报告科学技术机构的实施、监测和审查，以及缔约方会议的决策。并建议其他有关框架和机构在监测和审查其已建立领域方面的作用。

7.7.2 矛盾点分析

谁提案、谁负主要监测责任的观点在第四次政府间大会没有任何提及，没有监测和审查的流程、现有制度及安排的作用的规定，也没有监测的具体要求，审查的具体内容等，最后将成为纸上保护区。

监测的主体应由提案方负责，各缔约国同样可以在相应的区域开展监测研究工作（自愿原则）。其中可以包括以下规定：

（1）在区域/全球层次协调现有监测计划；

（2）定期审议所采取措施的成效、相关的海洋保护区研究的进展，以及海洋生物多样性实施协议的总体成效；

（3）科学技术咨询委员会要开展监测和审议，定期向缔约国报告，缔约国要报告实施协议的履约达标情况及按照实施协议做出的决策。

为此，提案方必须设计完整的监测计划，包含调查的方法、站点设计、调查的手段、调查的频率、调查的样本处理，数据处理过程，模型构建及描述的详细方案；对监测结果开展回顾性分析，对比预期目标，并对采取的措施可以提出适应性管理的改进，并提交科学技术咨询委员会审议。

7.8 如何把现有最佳科学知识纳入考虑范畴

最佳的科学知识是进行科学评价的基础，即在调查的方法、站点设计、调查的手段、调查的时间分布、调查的样本处理、数据处理、模型构建或者描述、问题分析、管理措施、管理对策、预期目标分析、跟踪监测计划、后续研究计划、定期评估等方面，都必须做到科学，否则需要进一步待科学完善后，经科学技术咨询委员会审议后才上报常设委员会。

鉴于建立公海保护区旨在推进国家管辖范围以外区域海洋生物多样性的养护和可持续利用，共同维护人类生存的家园，为全人类谋福祉，因此，要求提案的数据基础必须公开，各利益相关方有权利邀请各缔约方的专家进行审议和质疑，最终由科学技术咨询委员会提交意见委员会，协商一致通过。

7.9 利益相关者如何参与决策过程

利益相关者在提案的咨询中有涉及，相关的诉求及关切可以在这一部分体现。但是，国家管辖范围以外区域海洋生物多样性强调的层面是缔约方，也就是针对缔约方的生物多样性养护及可持续利用，各利益相关者的诉求可以向所在的缔约方反馈，因为决策权只有缔约方才具有，即通过传达的方式获得参与决策的权利，决策采用的是协商一致的原则。

7.9.1 行业划区管理工具方面

在行业划区管理工具方面，以下步骤必须考虑。

7.9.1.1 合作的职责

要求既是实施协议的缔约方，也是行业协议和/或主管组织的成员在下列方面履行合作的职责：

（1）通过划区管理工具支持具有生态代表性和充分关联的海洋保护区，其中包括海洋自然保护区的系统，并在需要特殊措施保护国家管辖范围以外区域海洋生物多样性的区域采取其他划区管理措施；

（2）采取国际公认的科学准则和指南，选择需要特殊措施保护国家管辖范围以外区域海洋生物多样性的区域；

（3）在其他协议和组织中采用实施协议的准则、指南、原则、途径和顶层目标。

7.9.1.2 指定过程

指定行业划区管理工具的过程依然是现有主管组织缔约方的职责，该过程可在以下这些组织内部展开：

（1）指定过程可以由实施协议的准则、指南、原则、途径和顶层目标指导。

（2）为确保一致性和相干性，指定区域的选择要获得实施协议的科学咨询机构的信息。

（3）实施协议也可以呼吁/敦促/邀请行业组织直接执行实施协议的准则、指南、原则、途径和顶层目标，并定期报告其进展。

7.9.1.3 提交建议书

任何国家或者授权的观察员组织有权利向主管国际组织提交正式的行业划区管理工具建议书。实施协议的科学技术咨询机构也有权利提交建议书。

7.9.1.4 建议书内容

理想的行业划区管理工具的内容应该标准化。与特别敏感区的建议书一样，建议书必须说明区域的生态或生物（或其他）重要性、相关行业活动产生的威胁或风险，以及有助于降低威胁和风险的建议措施。

7.9.1.5 确保采用最佳现有科学信息

实施协议可包括指导决策的指南和原则，例如，指导国家环境影响评价的《马德里议定书》中的第3条、《联合国鱼类种群协定》关于采取预防措施的第6条，以及提供了方法的附件Ⅱ。必须根据要求实施协议的科学技术咨询机构协议审议建议书，确保其符合划区管理工具的标准和指南。

7.9.1.6 建议书的审议

国际海事组织、国际海底管理局和区域渔业管理组织等相关主管国际组织的成员可以审议建议书，并可要求其公布审议结果、说明其决定的理由。

必须开展审议行业划区管理工具的公开协商过程，促进非成员国、其他主管组织、科学专家、产业和其他社会团体的成员提供相关的科学信息和增加投入①。

7.9.2 海洋保护区方面

在海洋保护区方面，以下步骤必须考虑。

（1）合作的职责：同样，实施协议必须获得合作职责的支持。必须法定要求缔约方在国家管辖范围以外海域合作建立具有生态代表性和充分关联的海洋保护区系统。

（2）指定过程：指定过程必须是缔约国对实施协议的职责。

指定过程可以获得实施协议提供的信息并获得实施协议准则、指南、原则、途径和顶层目标的指导。

（3）提交建议书：任何国家或者授权的观察员组织有权利向主管国际组织提交正式的行业划区管理工具建议书。实施协议的科学技术咨询机构也有权利提交建议书，也可通过协商过程来编制建议书和建议管理措施。

（4）建议书内容：海洋保护区的总体目标和具体目标，空间边界，建议的管理措施，一份监测计划，一份研究计划，评估达到总体和具体目标的进展和有效的具体管理途径的绩效准则审议、修订和更新的基本循环。

（5）确保最佳现有科学信息的应用：实施协议可包含指导决策的指南和原则。例如《马德里议定书》的第 3 条和《联合国鱼类种群协定》的第 6 条。

可要求实施协议的科学技术咨询机构审议建议书，确保建议书符合准则和指南。

（6）审议建议书：实施协议的缔约国可以按照广泛基础的协商过程和根据科学咨询机构的建议审议建议书。可要求决策机构公开其审议结果，说明决策的理由。

公开协商过程，可以促进非成员国、其他主管组织、科学专家、产业和其他社会团体的成员提供相关的科学信息和增加投入。

国家管辖范围以外区域的海洋保护区的指定的协商过程，可以包括国家管辖范围以内邻近海洋保护区的国家的协商②。

① For more information, see IUCN Matrix of Suggestions on ABMTs. http://www.marinebiodiversitymatrix.org/c_1_1_1.html.

② For additional information, please see IUCN Matrix of Suggestions on MPAs. http://www.marinebiodiversitymatrix.org/c_1_1_2.html.

7.10 沿海国的大陆架水域，其中包括适用情况下200海里以外的大陆架的权利如何尊重

通过协商和协调过程寻求兼容措施。注意，发展中国家在获得兼容措施方面可能需要援助。这样的援助可以通过和《联合国鱼类种群协定》相似的规定加以解决。

《联合国海洋法公约》第七十七条规定，沿海国为勘探超出200海里的大陆架和开发其自然资源的目的，对大陆架行使主权权利。根据该公约第七十八条的规定，沿海国对大陆架的权利不影响上覆水域或水域上空的法律地位[①]。这些责任和权利与《联合国海洋法公约》第一九二条和第一九七条关于合作保护和保全海洋环境的顶层责任相辅相成[②]。

《联合国鱼类种群协定》第7条关于兼容性的相同规定可以考虑为，对一个国家实施其权利时造成对另一个国家的权利的影响时需要开展国际间合作。至于跨界和高度洄游的鱼类资源，《联合国鱼类种群协定》第7.3条规定，“各国在履行合作义务时，应尽力在一段合理时间内就互不抵触的养护和管理措施达成协议。”《联合国鱼类种群协定》第7.4条进一步规定，“如未能在一段合理时间内达成协议，任何有关国家可援引第八部分所规定的解决争端程序”。

根据《联合国鱼类种群协定》第7.4条决定兼容的保护和管理措施，各国应（综述）：

a. 在国家管辖地区内为同一种种群指定适用的养护和管理措施，并确保这些种群订立的公海措施不削弱这些措施的效力；

b. 考虑“建立并适用于公海的措施”；

c. 考虑种群的生物学单元和其他生物学特征；

d. 考虑沿海国和在公海捕捞作业的国家各自对相关种群的依赖；

e. 确保措施不会对整体海洋生物资源造成有害的影响。

《联合国鱼类种群协定》第3条可以为尊重沿海国的权利提供语言模板。本条规定《联合国鱼类种群协定》仅适用于国家管辖范围以外的海域，并不损害第5条、第

---

① UNCLOS Articles 77 and 78（Part Ⅶ）. http://www.un.org/depts/los/convention_agreements/texts/unclos/closindx.htm.

② See section on Continental Shelf.

6 条和第 7 条三条具体条款以外的沿海国为了开发、保护和管理目的的主权权利[①]。

《联合国鱼类种群协定》第 5 条的一般原则在开发、保护和管理国家管辖水域以内的跨界和高度洄游鱼类种群方面适用于沿海国。出于实施协议的目的，这些条款可加以修订，以应对跨界地区（和由区域渔业管理组织管理的高度洄游和跨界物种）。

关于适用预防原则的《联合国鱼类种群协定》第 6 条和附件Ⅱ适用于沿海国和渔业国，可加以修订，以反映其他相关的保护原则。

《联合国鱼类种群协定》第 7 条尤其关注保护和管理措施的兼容性。第 7 条阐述了为达成上述的兼容措施，有法定责任开展合作。在实施协议中，这样的概念和原则需要加以修订，以更广泛地反映对生态系统和生物多样性的关切。

同时注意，《联合国鱼类种群协定》第 3 条特别规定使得该协定的第Ⅶ部分（发展中国家的建议）适用于援助发展中国家实施第 5 条、第 6 条和第 7 条。第Ⅶ部分可以在承认发展中国家的特殊需要、合作的形式和实施中的特殊援助等方面为实施协议提供一种有用的模板。

7.11 指定国际文书对缔约国和第三方具有哪些法律效应

在新的法律文书框架下，受承认的实体只有国家管辖范围以外区域海洋生物多样性缔约方，不存在第三方，也只有缔约方的权益受到新法律文书的保护。非政府组织（Non-Governmental Organizations，NGOs）看似是存在的第三方，但非国家管辖范围以外区域海洋生物多样性缔约方。国际海洋活动的推进，是针对缔约方的利益执行，不同的非政府组织分处在不同的缔约方所在的国家、区域或者实体，其权益相互捆绑，在常设委员会下，不承认非政府组织。因此，新的法律文书下没有第三方，缔约方需要履约执行，若违规操作，会受到相应的处罚，如航行的限制、捕捞配额的处罚和矿产资源的开采权限制等。

实施协议可以责成所有的缔约国采取实施协议通过的各种相关的划区管理工具和其他管理措施并遵照达标。

至于管理措施建议的海洋保护区，缔约国必须限制允许或扩大损害海洋保护区的现有活动。

① UN Fish Stocks Agreement. https://documents-dds-ny.un.org/doc/UNDOC/GEN/N95/274/67/PDF/N9527467.pdf.

至于第三方，他们依然有责任履行其保护和保全海洋环境的国际职责，有责任遵守国际法。

实施协议可以遵照《联合国鱼类种群协定》的先例，呼吁缔约国要求在保护区内活动的非缔约国成为协议的缔约国，或者开展全面合作，提出保护和管理措施。

实施协议的最终规定可以为“2011 一揽子”（UNGA resolution 69/292）形式呈现。如果协议的协商文本获得联合国大会决定的批准，即和联合国大会第 48/263 号决定关于 1994 年实施协议同样方式的批准，则该决定可以规定（和第 48/263 号决定的第 4 段和第 6 段一样）“［§4.］……协议应和《联合国海洋法公约》作为单个文书一起解释和实施”。进而可以呼吁“［§6.］……同意通过该协议的缔约国限制任何导致其目标和目的失效的行为”。并敦促［§11］“各国……自（某日）起赞同其暂时实施并答应尽早接受协议的拘束”。

8 养护和可持续利用的平衡

国家管辖范围以外区域海洋生物多样性的养护和可持续利用是人类社会共同的关切，同时也关系到联合国社会的发展和生存，所以联合国启动了制定国家管辖范围以外区域海洋生物多样性的新法律文书的倡议。新法律文书的制定包含了两重含义的目标，即养护和可持续利用国家管辖范围以外区域海洋生物多样性。但在4次的预委会和3次的政府间大会的谈判中，以欧盟为首的环保主义集团有目的性地将国家管辖范围以外区域海洋生物多样性的目标转移到养护上，而忽略了利用这层目标。同时将划区管理工具包含公海保护区直接导向了公海保护区，是极端的保护形式。

如何平衡养护和可持续利用是当前生物多样性关注的核心议题。在国家管辖范围以外区域海洋生物多样性的可持续利用受到人类活动威胁的情况下，启动养护，这是平衡保护和可持续利用的关键。而单方面地强调利用和单方面地强调保护的措施及提议，都是不科学的，不可取的。

8.1 可持续利用国家管辖范围以外区域海洋生物多样性

目前，公海上人类活动对海洋生物多样性的影响主要包含了船舶航行、海洋捕捞及深海采矿三大类活动。

海上运输业是全球化贸易和制造业供应链的支柱产业，超过世界五分之四的货物贸易是通过海上运输完成的。海上运输过程的噪声、油污等对海洋生物产生了负面的影响。为有效减少船舶航行对生物多样性的影响，国际海事组织针对航行过程中可能出现的噪声、环境污染等因素，通过选划了高生物多样性的特别敏感海域的避航区等措施，已经最大限度地减少了航运对生物多样性的影响，因此，可以在国际海事组织的管理下维持现有的海上运输。

海洋捕捞一直被认为是生物多样性减少的最主要因素。《联合国海洋法公约》第八十七条规定了公海的捕鱼自由权利，但是，为防止捕捞活动对海洋生物多样性的可持续利用造成不可恢复的影响，区域性渔业管理组织对公海捕鱼活动设置了不同程度的限制条件，公海捕鱼并不“自由”。每种渔业资源的利用，都在各自的区域性管理组织中经过种群评估，都是经过严格配额控制及船舶监控系统的有效监测。在渔业资源利用期间，相关缔约方可能提出兼捕的问题，在各区域性渔业组织中，对生态捕捞都经过严格的科学评价，以及逐渐向管理策略评价方向发展，目的在于回顾历史捕捞带来的影响。同时，区域性管理组织对兼捕物种都采用了捕捞渔具的改进及部分渔具的限制使用，以保证生态系统的平衡。诚然，部分非政府组织单方面地夸大了非法、不受管制和不报告（Illegal，Unregulated and Unreported，IUU）渔业的破坏效应，区域性管理组织应对非法、不受管制和不报告渔业时，采取了公海登临检查制度、海上执法等措施，积极应对，取得了显著成效。更何况保护区建设并不能完全避免非法、不受管制和不报告渔业的影响。因此，在充分认识区域性渔业管理组织在生物多样性养护和可持续利用做出的贡献，并不断完善其养护和管理措施的条件下，可以在现有框架下享受相对“自由”的公海捕鱼权利。

深海采矿被认为是对生物多样性影响比较大的另一种人类活动。深海采矿直接破坏了生物的栖息地，羽状流的环境影响放大了采矿活动的影响范围，尾矿的放排对中上层生物的物理和化学影响也至关重要。为防止采矿活动对生物产生的不可恢复影响，国际海底管理局正在出台相关的环境管理计划。由于人类对深海采矿及相关技术手段认识的不足，环境管理计划初稿还在不断完善中。国际海底管理局要求缔约方选划特别利益区、保全参照区等区域，以保证区域内生物多样性的完整性。因此，随着人类社会对深海采矿活动的影响认识的提升，环境管理计划也将不断完善，深海的生物多样性将得到保留，可以在维持现有机制条件下，对深海矿产进行实验性开采及预开采活动，以进一步加快环境管理计划的完善。

由于三大类人类活动都受到了不同国际或者区域性管理组织的管理，且相应的管理组织都为养护和可持续利用生物多样性采取了严格的措施，可以在现有的机制下维持人类利用现状，并随着人类认识的不断提高适应性地更新管理措施。

8.2 养护国家管辖范围以外区域海洋生物多样性

在国家管辖范围以外区域海洋生物多样性政府间大会谈判中，都明确地提出了所有的科学决策需要建立在最佳的科学信息基础之上，也就是我们需要对整个过程有科学的认识。有的缔约方提出了气候变化的关切，同时引用《巴黎协定》已经提高了全球关于气候变化加速的意识，需要在所有层次上开展全球合作和行动，共同面对全球问题。海洋生态系统和生物多样性不仅受到气候变化的多种影响（例如，水温上升、海水酸化和溶解氧含量下降）的危害①，而且也受到现有活动的累积影响②，使得海洋生态系统和生物多样性的保护成为唯有通过全球合作才能应对的全球性挑战。这个原则已经包括在若干主要环境条约中，其中包括《生物多样性公约》和《联合国气候框架公约》的前言③。这说明，所有缔约国有责任为达到目标而合作，正像他们有责任合作保护和保全海洋环境一样。一方面，这样的影响是全球性的，不是区域性的，更不是点状、线状的影响，解决全球性问题的根本方法是从源头治理，就像环境污染一样，污染源不切断，再怎么努力治理都是徒劳的；另一方面，在长时间序列的气候事件中，都存在温度的周期性变化，是自然生物多样性不断进化的根本驱动力，其对生物多样性现状并无影响，只是栖息地或者栖息水层、栖息水域发生变化等。倘若气候变化引起的环境变化，对部分生物的生存造成毁灭性的影响，则也无法通过划区管理工具或者海洋保护区达到保护目的。环境的变化，使得不同适宜群体发生变化是正常的，生态系统本来就是处于动态的平衡过程。

人们普遍认识到自然保护是可持续利用的必经途径，需要选定特定的高生物多样性等特征区域开展高级别的保护措施，可以有效保护生物多样性。进而有学者建议保护区网络可以有助于保护物种的所有生活史阶段，维持已知和未知的物种和生态系统的功能。如 O'Leary 等指出的，“部分的保护区已经说明为物种密度和生物量提供某些利益，称为‘海洋自然保护区’或者‘非索取区’的高度保护的海洋保护区为生境和物种保护带来更大的利益”④。

对于实施协议，自然保护和可持续利用之间达到平衡的方法之一在于，呼吁编制行业/区域生物多样性战略和行动计划，推动现有组织更好地把国家管辖范围以外区

① See “Climate Change in Oceans beyond national jurisdictions”, Nereus Scientific and Technical Briefs on ABNJ. http：//www. nereusprogram. org/briefs.

② Ortuno and Dunn, 2016, “A review of the impacts of fisheries on open-ocean ecosystems” Nereus Scientific and Technical Briefs on ABNJ. http：//www. nereusprogram. org/briefs.

③ Bowling, Pierson, Ratté, 2016. The Common Concern of Humankind：A Potential Framework for a New International Legally Binding Instrument on the Conservation and Sustainable Use of Marine Biological Diversity in the High Seas. http：//www. un. org/depts/los/biodiversity/prepcom_ files/BowlingPiersonandRatte_ Common_ Concern. pdf.

④ O'Leary et al., 2016. Effective Coverage Targets for Ocean Protection, Conservation Letters. http：//onlinelibrary. wiley. com/doi/10. 1111/conl. 12247/epdf.

域海洋生物多样性的保护和可持续利用纳入各级规划和决策过程。行业/区域生物多样性战略和行动计划可以确定关键问题和威胁，以及有效应对性管理，同时还要评估累积影响，考虑全球变化和趋势，从而使得这些团体易于应对适当的管理措施。根据实施协议建立的科学技术咨询机构可以参与行业/区域生物多样性战略和行动计划的编制、协助、合作。

因此，通过上述分析，养护和可持续利用并重，强调了在可持续利用中保护，可以达到保护和可持续利用的平衡。